# Der magische Spiegel

# 古鏡記

羅大剛譯

[illegible]天石題

# Der magische Spiegel

## Chinesische Märchen und Novellen aus den Zeiten der Blüte

Nach der französischen Übertragung
durch Lo Ta-Kang ins Deutsche übertragen
von Richard B. Matzig

Anaconda

Dieser Band erschien zuerst 1944 bei A. Francke in Bern. Orthografie und Interpunktion wurden auf neue Rechtschreibung umgestellt. Die Umschrift chinesischer Namen und Begriffe folgt wie in der Vorlage dem Wade-Giles-System.

MIX
Papier | Fördert gute Waldnutzung
FSC® C014496

Penguin Random House Verlagsgruppe FSC® N001967

Die Deutsche Nationalbibliothek verzeichnet diese Publikation in der Deutschen Nationalbibliografie; detaillierte bibliografische Daten sind im Internet unter http://dnb.d-nb.de abrufbar.


Umschlagmotiv: Georges Barbier (1882–1932), »China. A woman and a maker of perfume«, British Library, London, from Richard Le Gallienne, *The romance of perfume*, with drawings by George Barbier, New York & Paris: Richard Hudnut 1928,
© British Library Board. All Rights Reserved / Bridgeman Images
Umschlaggestaltung: www.katjaholst.de
Satz und Layout: InterMedia – Lemke e. K., Heiligenhaus
Druck und Bindung: GGP Media GmbH, Pößneck
Printed in Germany
ISBN 978-3-7306-1247-7
www.anacondaverlag.de

# Inhalt


Der alte Gärtner . . . . . . . . . . . . . . . . . . . . . . . . . . 7

Die wunderbare Begegnung
des jungen Doktor Ts'ui . . . . . . . . . . . . . . . . . . . 51

Der verlorene Schatz . . . . . . . . . . . . . . . . . . . . . 63

Die unverhoffte Hochzeit des Ts'ên Tsin . . . . . . . . . . 95

Der Bodhisattva aus Jade . . . . . . . . . . . . . . . . . . . 129

Die zerbrochene Laute . . . . . . . . . . . . . . . . . . . . . 155

Die Reise ins Innere einer Schlummerrolle . . . . . . . 175

Das Leben der schönen Kurtisane Li Wa . . . . . . . . . 189

Die Abenteuer des Szu Wei . . . . . . . . . . . . . . . . . . 217

Der magische Spiegel . . . . . . . . . . . . . . . . . . . . . . 227

Aus dem Nachwort . . . . . . . . . . . . . . . . . . . . . . . . 251

# Der alte Gärtner

Damals, um die Mitte der Dynastie Sung, lebte in Frieden und Beschaulichkeit der alte Tz'u Siên in dem Dorf Die Ewige Freude, zwei Meilen von P'ing-ch'êng, einer kleinen Stadt der Provinz Kiang-nan. Seines Zeichens Gutsherr, besaß Tz'u mehrere Morgen Landes und auch ein Gartenhaus. Sein Weib war lange schon gestorben und hatte ihm keine Kinder hinterlassen.

Tz'u war von Natur voller Begeisterung für den Gartenbau. Um dieser Leidenschaft ganz sich hingeben zu können, veräußerte er sogar seinen Gutsbesitz und behielt einzig den Garten zurück. Wenn er eine Blume seltener Art entdeckte, war seine Freude grenzenlos. Kein Schatz aus Gold und Geschmeide hätte tiefer ihn beglücken können. Wenn er auf Reisen war, um irgendeinen wichtigen Auftrag zu erledigen, hielt er in seinen geschäftlichen Fahrten inne, sobald er eine Blume erblickte. Er näherte sich ihr so sehr er konnte, um sie aufmerksam zu betrachten. So drang er zuweilen bei Unbekannten ein, ein wehrloses und flehendes Lächeln auf den Lippen. War die Blume von gewöhnlicher Art oder blühte sie im eigenen Garten, dann zog er seines Weges. Fand er aber eine seltene Pflanze, die er noch nicht kannte, dann vermochte er es nicht, aus seiner Versunkenheit sich loszureißen und weilte dort, vom Morgen bis zum Abend, vergaß sein Ziel und seine Aufträge. Darum nannte man ihn überall den »Blumennarren«.

Geriet er zuweilen einem Blumenverkäufer in die Hände, so ruinierte er sich jedes Mal, um alles zu kaufen was ihm gefiel. Es geschah nicht selten, dass er keinen einzigen Käsch* mehr in der Tasche hatte; er gab ohne Zögern seine Kleider zum Pfand, um die notwendige Summe zu erhalten. Die Händler kannten seine Schwäche und steigerten den Preis. Tz'u wagte mit keinem Wort zu markten. Die Dorfbuben brachten ihm herrliche Blumen, irgendwo in den Wiesengründen gepflückt, Erdklumpen um die Stängel an Stelle der Wurzeln. Tz'u kannte diese List, aber er kaufte die Blumen trotzdem. Seltsamer Vorgang! Diese wurzellosen Blumen, im Garten Tz'us eingepflanzt, begannen jedes Mal sich aufzurichten und zu blühen.

Tag um Tag, Monat um Monat gedieh der glückhafte Garten. Eine durchflochtene Bambushecke bildete die Umfriedung. Über die Hecke wuchsen verschwenderisch lichttrunkene Zweige, die Blüten des kletternden Rosenstockes, des wilden Pflaumenbaumes, der Kirsche und der Eberesche. Am Fuß der Hecke drängten sich Malven, Springkraut, Kannazeen, Lilien, Taglilien, Pfingstrosen, die Scharlachlampen des Mohns, weiße Stiefmütterchen und wie viel andere Blumen noch! Eine blendende Fülle, ein drängender Reichtum! Verblühte eine Blume, dann entfaltete sich eine andere: Es war ein ewiger Frühling. Ein brombeerüberwachsenes Tor mit zwei Flügeln öffnete sich am hellen Mittag; hinter dieser Pforte führte die von

* Kleine Münze in China; in der Mitte hat sie eine quadratische Öffnung zum Aufreihen auf Schnüre.

Bambus eingerahmte Allee zu einem Häuschen, das aus drei Haupträumen bestand. Trotz des Strohdaches waren die Zimmer geräumig, voller Licht und Luft bei weiten Fenstern. Im Hintergrund thronte ein kleines Bildnis ohne Namenszug. Bänke, Stühle und Tische aus weißem Holz funkelten in Sauberkeit. Hinter dem Saal befanden sich noch zwei oder drei kleine Kammern, darunter das Schlafzimmer des Greises. Alle Zimmer waren in peinlicher Ordnung gehalten.

Beim Ausgang des Gartens stieß man auf einen riesigen See, den »See des Himmlischen Gehörs«, gewöhnlich aber »Lotusteich« genannt. Dieser See nährte sich von mehreren benachbarten Gewässern und er selbst war die Quelle großer Wasserfälle. Je nach der Jahreszeit, bei Sonnenlicht oder bei Regenfall, veränderte der See unaufhörlich seine Reflexe. Auf dem steilen Ufer hatte Tz'u Siên einen Damm gebaut; darauf waren zahlreiche Pfirsichbäume und Trauerweiden gepflanzt.

Jeden Tag erhob sich Tz'u Siên in der Morgenfrühe. Er wischte zuerst die Allee von den Blättern frei, die in der Nacht gefallen waren. Dann begoss er seine Blumen und Pflanzen, eine um die andere. Am Abend begoss er sie noch einmal. Entdeckte er eine Knospe im Augenblick der Entfaltung, dann war seine Freude schrankenlos. Schnell wärmte er Wein oder Tee. Er trug die Amphora oder den Teekrug vor die auf brechende Knospe hin, neigte sich vor ihr bis zur Erde, benetzte sie mit einer Tasse Wein oder Tee und rief dreimal: »Mögen die Blumen leben!« Er setzte sich auf die Erde und trank lange, die Augen auf die Blumenkrone gerichtet. Wenn er berauscht war, pfiff und sang er nach Herzenslust. Später schlief er zu Füßen des Stängels ein, den Kopf auf einen Stein gestützt. Er verließ die Blume nicht, ehe er ihrem langsamen Sich-Öffnen zugeschaut hatte.

Brannte die Sonne, dann schützte er die Knospen mit einem Palmzweig. Schimmerte der Mond durch den Bambus, dann blieb er die ganze Nacht im Garten. Wenn der Sturm blies, drängte er sich durch das dichte Gesträuch, einen Hut aus geflochtenen Binsen auf dem Kopf, und richtete die vom Regen gekrümmten Zweige mithilfe kleiner Bambusstützen wieder auf. Während der Sturmnächte ließ ihn die Sorge um seinen Garten oftmals aus dem Bett springen.

In dem Monat, da die Blumen welken, jammerte er den ganzen Tag und nicht selten brach er in Tränen aus. Er ertrug den Anblick der am Boden hingewelkten Blütenblätter nicht; sanft wischte er sie mit einem Palmzweig zusammen, legte sie auf eine Platte, um sie so lange aufzubewahren, bis sie ganz ausgetrocknet waren. Dann verschloss er sie in einer hohen Vase. Wenn sie voll war, goss er noch ein wenig Wein oder Tee hinein – als Totenopfer. Zuletzt, das Herz voller Tränen, nahm er diesen Blumensarg und begrub ihn auf dem Damm.

Sah er Blütenblätter, vom Regen in den Schlamm gespült, so hob er sie auf, reinigte sie in frischem Wasser und streute sie schließlich in den See. Es graute ihm vor dem Gedanken, eine Blume zu pflücken oder einen Zweig abzuschneiden. »Warum soll man sie töten, wenn doch eine Blume nur wenige Tage dauert? Und für diese wenigen Tage des Glanzes, welches Weben und Drängen und

Wirken im Schatten langer Monate! Selbst der Aufbruch der Knospe ist eine große Mühsal: Tage um Tage sind notwendig dafür und ein glücklich strahlender Himmel. Welch ein Gegensatz, wenn eine Blume welkt! Sie stirbt so schnell. Und die Vögel, die Insekten, die Sonnenglut, der Wind, der Nebel, die Wolken … so vielen Feinden muss die zarte Blume trotzen. Und nur dank der Hingabe des Menschen kann sie siegen über alle Widerstände und Anfechtungen. Wie bringt man es übers Herz, eine Blume vom Stängel abzureißen? Wie schön ist es, wenn sie in der Sonne lächelt, im Wind tanzt wie ein junger Mensch, der trunken ist von Glück? Wer sie von ihrem Zweig trennt, verurteilt sie zum Tode: Eine gepflückte Blume kann diesen Schmerz nicht überleben und niemals kehrt sie zu ihrem mütterlichen Zweig zurück.« So redete der Alte; so predigte er ihnen allen, die nichts wussten von der Liebe zu den Blumen.

»Wenn die Blumen sprechen könnten«, sagte er ihnen noch, »wie würden sie in ihrer Unschuld klagen über ihr grausames Los! Und warum sollte man sie nicht bewundern, ohne sie zu berühren? – Ihr pflückt die Blumen leichten Herzens, um den Tisch Eurer Zechgenossen zu schmücken oder um dem Haar Eurer Geliebten einen neuen Glanz zu geben; aber Ihr hättet ebenso gut Eure Freunde zusammenrufen dürfen, um unter den Zweigen der lebendigen Blumen zu trinken, Ihr hättet für Eure Angebetete einen andern Schmuck als Blumen finden können!«

Am stärksten hasste der Greis jene Menschen, die Blumen aus reiner Laune pflücken, im Vorübergehen, und die sie dann gedankenlos auf die Straße werfen. Er selbst hatte ja nie eine einzige zerstört. Bei Freunden zog er es vor, eher in Bewunderung der Blätterkrone zu verharren als sie zu pflücken. Zuweilen geschah es, dass der Gastgeber eine Blume vom gläsern zarten Stängel brach, um sie dem Greis, dessen Bewunderung ihn rührte, zu überreichen. Da floh Tz'u Siên, so schnell seine Beine ihn tragen konnten, und rief: »O, welche Sünde!«

Natürlich hätte er es nie zugelassen, dass jemand die Blumen seines Gartens berührte. Beizeiten warnte er die Besucher mit seinen bekannten Argumenten. Und wenn einer bei seiner Rede ungerührt blieb, dann ging er so weit, sich vor ihm niederzuwerfen und Gnade für seine Blumen zu erflehen. In Wirklichkeit ließ man es ihm an Rücksicht und Wohlwollen niemals fehlen –, trotz des Spitznamens »Blumennarr«, den man ihm zu geben beliebte, als ob er eine lächerliche Figur wäre.

Arme Kinder wollten ihm von Zeit zu Zeit Blumen stehlen, um sie zu verkaufen; er zog es vor, ihnen einfach Geld zu geben. Sah er, dass während seiner Abwesenheit Blumen misshandelt worden waren, so machte er ihnen betrübten Gesichtes einen Verband aus Tonerde. Er nannte diese Zeremonie »die Heilung der Blumen«. Um jede Einwirkung fremder Menschen fernzuhalten, gewährte er Unbekannten ganz selten Einlass. Freunden und Nachbarn, die seine Besitzung sehen wollten, verweigerte er erst den Eintritt. Gab er nach, des langen Widerstrebens müde, dann rief er den Hartnäckigen zuerst das »Reglement« oder die »Verbote« in Erinnerung und öffnete zögernd die Pforte. Es war zum Beispiel verboten, den Blumen allzu nahe zu treten, denn sie hätten von einem unreinen Atem gekränkt werden können. Wenn ein Besucher so weit ging, eine Blume oder eine Knospe zu pflücken, dann schoss dem Greis das Blut zu Kopf, er erstickte fast vor Zorn. Selbstverständlich duldete er den Unverschämten nie mehr in seinem Garten. Alle aber begriffen seine Manie, begriffen seine übersteigerte Empfindlichkeit und hüteten sich, auch nur ein einziges Blättlein zu berühren.

Die Vögel, die zahlreich und ohne Unterlass im schönen Blätterwerk des Gartens zwitscherten, rissen mit ihren Schnäbeln wahllos in Beeren und Blüten. Der Gärtner streute Körner in die Allee, damit er die Gier der Vögel von den Sträuchern ablenke. Die gefiederten Gäste blieben nicht unberührt von seinen Bemühungen: Von Körnern satt, flogen sie von nun an spielerisch in den duft- und blütenschweren Zweigen hin und her, ohne ihre Schnäbel zum Raube zu öffnen.

Tz'us Garten brachte auch Früchte von nie gekannter Größe, von herrlicher Süße hervor. Von den reifen Früchten opferte er einige den Blumengeistern. Er selbst aß davon und verteilte eine große Anzahl an seine Nachbarn. Was übrig blieb, verkaufte er. Und es blieb ihm stets ein beträchtlicher Gewinn.

So lebte Tz'u Siên in der großen Freude des Gartenbaus. Während fünfzig Jahren erlahmte er nie in seinem liebenden Tun. Die Pflege der Blumen, diese Leidenschaft seiner Jugend, vertiefte sich im Glanz seines Alters zu verinnerlichter Kultur. Auch seine Gesundheit festigte sich mit den Jahren; denn der Weise wusste sich mit frugaler Speise und einfach gewobenen Kleidern zu begnügen. Mit dem Gewinn, den ihm seine Früchte brachten, wetteiferte seine Güte; oft half er den Armen des Dorfes. Die Einwohner liebten und verehrten ihn, sie nannten ihn »Vater Tz'u«. Er selbst gab sich den Namen »der alte Gärtner«.

Nun aber wohnte in dieser Zeit, nicht weit von dem Dorf Die Ewige Freude, ein gewisser Ch'ang Wei, der Sohn eines hohen Magistraten. Er war ein höhnischer, tyrannischer und gemeiner Mensch. Stark durch die Macht, die ihm seine soziale Stellung gab, vertrödelte er seine Tage, indem er die Nachbarn plagte und ärgerte und arglose oder gehorsame Gemüter seinen unverschämten Ansprüchen dienstbar machte. Unter seinem Befehl stand Tag und Nacht eine Horde von Dienern und jungen Taugenichtsen, wild wie Wölfe, die furchtbare Streiche ausheckten und über das Land den Schatten ihrer Untaten warfen.

So geschah es, dass Ch'ang Wei eines Tages in eine Rauferei verwickelt und von einem Feind, der noch schrecklicher war als er, mitleidlos verprügelt wurde. Er verklagte den Feind bei Gericht, verlor aber den Prozess; denn sein Gegner hatte die Richter schon vorher bestochen. Gedemütigt und von diesem Rückschlag des Schicksals aus der Fassung gebracht, hatte sich Ch'ang Wei für einige Tage in seinem Landhaus eingeschlossen, mit vier oder fünf Dienern und einigen jungen Müßiggängern. Dieses Haus lag mitten im Dorf Die Ewige Freude und war nicht weit vom Garten des Tz'u Siên entfernt. Eines Morgens, kurz nach der Zeit des Frühstücks, bummelte Ch'ang Wei schon halb betrunken mit seinen Leuten durchs Dorf. Unversehens gerieten sie vor das Tor des Vaters Tz'u und hielten, überrascht von der Schönheit der über die Hecke drängenden Blütenzweige, in ihrem Weg inne. Gleichzeitig erschallten mehrere Stimmen:

»Wie reizend ist die Ecke! Wem gehört sie?«

»Es ist der Garten des Vaters Tz'u«, sagte ein Diener und fügte hinzu »der Garten des Blumennarren, wenn Ihr lieber wollt.«

»Ich hörte oft von diesem Tz'u Siên, der in meiner Nachbarschaft wohnt. Er soll ein geschickter Gärtner sein. Da ist er also! – Gehen wir in seinen Garten und werfen wir einen Blick hinein!«

»Der Alte lässt niemanden in seinen Garten treten«, sagte der Diener.

»Niemanden? Das gilt für die anderen! Wird er es wagen, einen Besucher wie mich hinauszusetzen? Klopf ans Tor«, befahl Ch'ang Wei.

Es war die Zeit der Pfingstrosen im Garten des Vaters Tz'u. Das morgendliche Begießen war beendet und fröhlich trank Vater Tz'u vor seinen Blumen, eine kleine Schale und hochgefüllte Früchteteller zu seinen Füßen. Eben hatte er die dritte Tasse an den Lippen, als er das Klopfen an der Pforte hörte. Die Schläge folgten sich, in ungeduldigem Takt; Tz'u stellte die Tasse auf den Boden und ging das Tor zu öffnen. Fünf oder sechs Männer erschienen vor seinem Auge und ihr Atem roch nach Wein.

»Sie kommen wegen der Blumen«, sagte sich der Vater Tz'u, und indem er den ungebetenen Besuchern den Eingang versperrte, fragte er:

»Was wünschen die Herren?«

»Schaut einmal diesen Alten an! Ich bin der Herr Ch'ang Wei, kennst du mich nicht? Das große Haus dort drüben gehört mir. – Man hat mir gesagt, dass dein Garten von schönen Blumen voll ist. Ich habe mich nur um ihretwillen herbemüht und will sie sehen.«

»Eure Gnaden mögen mich anhören«, sagte der Greis zu Ch'ang Wei. »Ich habe keine einzige wertvolle Blume gepflanzt. Hier stehen nur Pfirsich- und Aprikosenbäume, ihre Blüten sind schon verwelkt. Es gibt also nichts mehr zu sehen.«

Ch'ang Wei riss wütend die Augen auf:

»Dieser unverschämte Alte! Welche Wichtigkeit steckt in deinem Garten, dass du die Blumen vor mir verbergen willst? Und du behauptest, nichts zu haben? Geht denn dein Garten zugrunde, wenn man ihn ansieht?«

»Ich lüge nicht. Mein Garten hat keine Blumen mehr«, beharrte der Greis.

Ohne ihn länger anzuhören, reckte Ch'ang Wei den Arm und stieß den Alten mitten in die Brust. Vater Tz'u verlor das Gleichgewicht, schwankte: Der Durchgang wurde frei. Tz'u Siên lag am Boden und die Männer wälzten sich in den Garten. Tz'u, in seiner Machtlosigkeit, schloss das dornenbewachsene Tor und folgte den Eindringlingen in die Allee. Im Vorbeigehen hob er vorsichtig die Vase und die Teller auf, dann hielt er sich in Entfernung, schweigend und wachsam.

Laut wunderten sich die Besucher über die Üppigkeit der Sträucher und Blumen, vor allem über die herrlich leuchtenden Pfingstrosen. Das war nicht die gewöhnliche Art, die man den »Frühling im Pavillon aus Jade« nennt, sondern eine seltene Züchtung von fünf verschiedenen Farben. Das Beet der Pfingstrosen lag gerade dem kleinen strohbedeckten Hause gegenüber. Die Blumen waren von künstlichen Felsblöcken umgeben und von einem großen Zeltdach geschützt, das von hohen Stäben aus Holz gehalten wurde. Denn diese empfindlichen Blumen ertrugen die Glut der Sonne nicht. Es waren Riesengewächse und die größten erreichten eine Höhe von zehn Fuß. Ihre Kronen waren breit wie die Töpfe der Alchimisten und funkelten im dichtesten Reichtum der Farben.

»Welche fabelhaften Blumen!«, riefen die Besucher gleichzeitig aus.

Ch'ang Wei kletterte sofort auf einen Felsblock, um den Duft mit vollen Nüstern einzuatmen. Nichts aber ging dem Vater Tz'u so sehr auf die Nerven, als diese ungebildete Weise des Genießenwollens. Er hielt nicht mehr an sich und sagte mit Sanftmut:

»Ich bitte Eure Gnaden, Abstand zu bewahren und nicht so hoch zu klettern.«

Ch'ang Wei, bereits durch den Empfang an der Gartenpforte erbost, suchte die erste Gelegenheit, seinem Zorn Luft zu machen.

»Alter Narr!«, schrie er, »du wohnst neben meinem Haus und weißt nicht einmal, wie mächtig ich bin! Du hattest hier so schöne Blumen versteckt und wagtest zu behaupten, du besäßest keine. Ich habe dich wegen dieser Lüge nicht bestraft, und du bist immer noch nicht zufrieden, so billig davongekommen zu sein? – Was sagst du, ich trete deinen Blumen zu nahe, wenn ich nur die Nase hineinstecke? Gut, ich rieche trotzdem daran!«

Er zog einen Zweig um den andern an sich und senkte seine Nase in jede Blumenkrone. Vater Tz'u kochte vor verhaltener Wut. Er wagte nichts zu sagen und erflehte heimlich aus vollem Herzen den raschen Weggang dieser Unverschämten. Aber Ch'ang Wei traf keinerlei Anstalten zu gehen.

»Bei diesen schönen Blumen muss man verweilen. Ihr Anblick ist noch verlockender, wenn man dabei trinkt.«

Er befahl sein Dienern, Wein zu holen. Nun sah Vater Tz'u, dass sie sich im Garten niederlassen wollten und vermochte nicht mehr zu schweigen. Er trat näher und sagte:

»Mein Haus ist zu schlicht und viel zu klein, um so hohe Herrschaften aufzunehmen. Ich schätze die große Ehre, die sie mir erweisen in der Bewunderung meiner Blumen. Wenn es sich aber darum handelt, hier Wein zu trinken, so glaube ich, dass die Herren in ihrer vornehmen Residenz viel besser bedient sein werden …«

Ch'ang Wei unterbrach ihn und wies mit dem Zeigefinger zur Erde.

»Wir werden uns auf den Boden setzen.«

»Der Boden ist zu wenig sauber, als dass Eure Gnaden sich darauf niederlassen könnten.«

»Das macht nichts!«, antwortete Ch'ang Wei. »Man wird einen Teppich ausbreiten.«

Kurz darauf kamen die Diener mit Speisen und Wein. Sie legten einen Teppich auf die Erde und alle setzten sich in die Runde. Sie tranken um die Wette und vollführten einen teuflischen Lärm. Abseits saß Vater Tz'u und wurmte sich in düsterem, in sorgenvollem Schweigen.

Verführt von der Herrlichkeit des Gartens, fasste Ch'ang Wei den Plan, sich seiner durch List zu bemächtigen. Mit einem schiefen Säuferblick rief er den alten Gärtner heran:

»Es ist nicht zu glauben, dass ein alter Trottel wie du ein so guter Gärtner ist! Du hast zweifellos Verdienste, komm und trink auf mein Wohl!«

Vater Tz'u brummte in seinem Groll:

»Euer alter Mann kann nicht trinken. Eure Gnaden brauchen sich deswegen keinen Zwang anzutun.«

»Ist dein Garten käuflich?«, fragte Ch'ang Wei drohend.

Vater Tz'u witterte die Gefahr und antwortete zitternd:

»Mein Garten? Aber er ist mein ganzes Leben, mein Anfang und mein Ende. Niemals würde ich ihn preisgeben.«

»Dein Leben, behalte es ruhig! Aber dein Garten, gib ihn mir, das ist ganz einfach. Wenn du dann kein Dach über dem Kopf hast, biete ich dir eine Stelle in meinen Diensten an. Ich werde nichts anderes von dir verlangen, als dass du meine Blumen pflegst. Könntest du für dich ein besseres Geschäft erträumen?«

»Welches Glück für den alten Knurrer!«, riefen die andern. »Es ist nicht leicht, bei unserem Herrn so gut angeschrieben zu sein. Beeile dich und danke ihm für diese Gunst!«

Der alte Gärtner kehrte ihnen den Rücken zu, halb erstickt vor ohnmächtigem Zorn.

»Schaut ihn an, diesen widerwärtigen Alten!«, sagte Ch'ang Wei erregt. »Ja oder nein, bist du einverstanden? – Warum antwortest du mir nicht?«

»Ich habe bereits nein gesagt. Für mich ist die Sache erledigt«, sagte Tz'u Siên trocken.

»Dummkopf! Wenn du auf deinem Nein beharrst, dann lasse ich dich sofort vom Unterpräfekten verhaften.«

Der alte Tz'u, auf dem Gipfel seiner Wut, war im Begriff, seinem Gegner die deutliche Meinung zu sagen; er erinnerte sich aber, dass der andere hier allmächtig war und zum Überfluss vollständig betrunken. Welchen Zweck hat es, sich mit einem Trunkenbold zu streiten? Es wäre besser, ihn ruhig zu halten, damit er so schnell wie möglich mit seiner Rotte verschwindet. Der Greis schluckte seinen Zorn hinunter und antwortete mit folgenden Worten:

»Wenn Eure Gnaden meinen Garten wirklich kaufen wollten, so würden sie mir sicherlich Bedenkzeit einräumen für meine Antwort; ein solches Geschäft lässt sich wohl kaum in einem Augenblick behandeln.«

»Dieses Mal hat er vielleicht recht«, sagten die anderen. »Verschieben wir den Kauf bis morgen.«

Da erhob sich die ganze Gesellschaft, torkelnd vor Betrunkenheit. Die Diener packten alle Geräte ein und gingen ihrem Herrn voran. In der Furcht, man könnte im Weggehen Blumen pflücken, stellte sich Vater Tz'u als Wache vor das Pfingstrosenbeet. Und wirklich kletterte Ch'ang Wei schon auf die Felsblöcke und streckte die Hand nach einer Pfingstrose aus. Vater Tz'u packte ihn am Ärmel:

»Verzichtet darauf, Herr! Für Euch bedeutet diese Blume vielleicht nur eine Kleinigkeit, aber Ihr wisst nicht, welche Mühsal es mich gekostet hatte, ehe sie so weit waren wie sie sind. Schwer würde es mich treffen, wenn man sie mir einfach abreißen wollte. Und wenn sie einmal abgeschnitten sind, dann können sie kaum einen oder zwei Tage leben. Lohnt es sich also, eine solche Sünde zu begehen?«

»Rede keine Dummheiten«, brüllte Ch'ang Wei. »Seit wann ist Blumenpflücken eine Sünde? Morgen, wenn du mir deinen Garten verkauft haben wirst, wird mir alles gehören und nichts wird es dich angehen, wenn ich alles herausreiße.«

Nach diesen Worten stieß er den Alten heftig mit dem Arm; aber Vater Tz'u klammerte sich an ihn:

»Eure Gnaden mögen mich ermorden, wenn Sie wollen, aber Sie werden keine einzige Blume pflücken!«

»Dieser Greis ist wahrhaftig unausstehlich«, rief die ganze Bande im Chor. »Der Herr will dir ein paar Blumen nehmen. Was liegt schon daran, dass du uns solche Grimassen schneidest? Glaubst du, dass wir dich fürchten?«

Nun griffen alle nach den Pfingstrosen und pflückten sie, ohne Rücksicht, ohne Vorsicht. Der alte Gärtner sank in Verzweiflung. Er ließ Ch'ang Wei los und stürzte sich auf die anderen, der Schwäche seiner alten Glieder nicht achtend. Aber er konnte ihre Arme nicht zurückhalten, sodass in wenigen Sekunden eine Fülle von Pfingstrosen abgerissen war. Gemartert von Angst und Entsetzen schrie der Gärtner:

»Ihr Gauner und Verbrecher! Nichts wisst Ihr anzufangen in Eurer Tagdieberei und kommt zu mir, um diesen gemeinen Streich zu spielen! So nehmt auch meine Haut!«

Und gesenkten Kopfes warf er sich mit aller Macht auf Ch'ang Wei.

»Tod und Sünde!«, riefen die anderen, als sie Ch'ang Wei unter dem wütenden Ansturm des Alten wanken sahen.

Sie warfen die Blumen weg und sprangen mit erhobenen Fäusten auf den alten Gärtner los.

Ehe sie aber Zeit gefunden hatten, den Greis zu misshandeln, erhob einer der Angreifer seine Stimme und hielt die anderen zurück: Er war so klug einzusehen, dass Vater Tz'u vielleicht zu alt war, um so viele Schläge ohne schwere Folgen auszuhalten.

Sie wandten sich von Tz'u ab und halfen Ch'ang Wei auf die Beine. Rasend über seinen Sturz, taumelte dieser zu den Pfingstrosen hin und zerbrach mit verbissenem Eifer alle Stängel, ohne einen einzigen zu verschonen. Dann zerstampfte er die niedergerissenen Blüten, und sein Fuß suchte jedes einzelne Blatt, um es zu zerdrücken.

Vor dem Martertod seiner Blumen stieß der Vater Tz'u Verzweiflungsschreie aus, die den Himmel zum Erbeben bringen konnten, und wälzte sich auf dem Boden. Vom Lärm des Zwischenfalles aufgestört, rannten die Nachbarn herbei und blieben schreckversteinert beim Anblick des verwüsteten Parkes stehen. Rachsüchtig suchten die Leute Ch'ang Weis nach den Blättern und Zweigen, die den Boden bedeckten, und vollendeten das Zerstörungswerk. Endlich gelang es den Nachbarn, die Blumenmörder zu besänftigen. Sie erkundigten sich vorsichtig nach der Ursache des Streites. Unter ihnen befanden sich zwei oder drei Pächter des Ch'ang Wei. Sie versuchten bei ihrem Herrn, den alten Gärtner zu entschuldigen und begleiteten dann mit betonter Ehrerbietung, um die Erregung ihres Herrn nicht aufs Neue anzufachen, Ch'ang Wei und seine Leute bis zur Pforte. Indem er sich entfernte, schrie Ch'ang Wei ihnen zu:

»Sagt es nur dem alten Taugenichts, dass er mir seinen Garten zum Kauf anbietet, wenn ich ihm seine Unverschämtheit verzeihen soll. – Sonst wehe ihm!«

Dann ging er, unablässig schimpfend. Diese Drohung nahmen die Nachbarn nicht ernst, sie hielten sie für das Lallen eines Trunksüchtigen. Sie gingen in den Garten zurück und hoben erst einmal den Vater Tz'u auf. Der Greis saß auf der Schwelle seines Hauses und schluchzte herzzerbrechend. Man tröstete ihn so gut es ging. Alle zogen sich nun zurück und schlossen die dornenbewachsene Tür. Es gab aber auch einige Neugierige, denen Vater Tz'u nie die Pforte geöffnet hatte. Sie ergriffen die Gelegenheit, um sich lustig zu machen:

»Dieser besessene Alte hat wirklich übertrieben. Recht ist ihm geschehen. Nun hat er Lehrgeld bezahlt.«

Andere Leute, die versöhnlicher waren, unterbrachen die Lästerer:

»Seid nicht ungerecht. Wie heißt's im Sprichwort?

Nach einem langen Jahr voll Müh und Plage
Verschenken Blumen Trost nur für zehn Tage.

Gewöhnliche Liebhaber geben sich keine Rechenschaft von den Schwierigkeiten der Blumenzucht. Der Alte hat sich wirklich Mühe gegeben, um sein schönes Ziel zu erreichen. Er hat das Recht, dass er seine Blumen eifersüchtig hütet.«

Vater Tz'u, einsam in seinem Garten, hörte nicht auf, über das Los der Pfingstrosen zu jammern. Er machte es sich zur frommen Pflicht, die gemarterten, von Schmutz und Staub bedeckten Blütenblätter aufzuheben. Dieses traurige Tun ließ seine Tränen wieder fließen und er stammelte:

»O, ihr Blumen, o mein ganzes Leben, immer habe ich Euch geliebt, immer gepflegt und betreut. Wie hätte ich Euch jemals ein Leid antun können! Wer hätte ein solches Unglück geahnt?«

Während er so klagte, hörte er hinter sich, ganz ferne, eine leise Stimme:

»Vater Tz'u, warum quälst du dich so?«

Der alte Gärtner wandte sich um. Unversehens stand er einem jungen Mädchen von etwa sechzehn Jahren gegenüber. Reizend war ihre Gestalt und in ihrer Haltung lag der Zauber der Anmut. Vergeblich stöberte der Greis in seinem Gedächtnis, um herauszufinden, welcher bedeutsamen Familie der Umgebung dieses holde Mädchen wohl angehören mochte? Er hielt seine Tränen zurück und fragte:

»Wo kommst du denn her, kleines Fräulein?«

»Mein Haus ist nicht weit von hier«, antwortete das Mädchen. »Ich hörte viel von deinen Pfingstrosen erzählen und ich kam nur darum her, weil ich die schönen Blumen sehen wollte. Aber ich wusste nicht, dass sie schon verwelkt sind …«

Bei dem Worte »Pfingstrosen« begann der alte Gärtner aufs Neue zu schluchzen.

»Ja, was fehlt dir denn?«, fragte das Mädchen erstaunt. »Kannst du mir deinen Kummer nicht anvertrauen?«

Da erzählte ihr der Greis von seinem Zusammenstoß mit Ch'ang Wei.

»Und wegen dieser Kleinigkeit weinst du?«, lachte das Mädchen. »Willst du sehen, wie sich die Blumen auf ihren Stängeln wieder erheben?«

»Scherze nicht, kleines Fräulein! – Noch nie ist eine gebrochene Blüte auf ihren Stängel zurückgekehrt.«

»O doch«, versicherte das Mädchen. »Ich weiß ein Geheimnis – meine Vorfahren haben es mir vermacht – um die Blumen auferstehen zu lassen!«

Der alte Gärtner schwieg betroffen und auch die bestrickende Grazie des Mädchens zog seine Gedanken sachte von seinem Unglück hinweg. Endlich sagte er:

»Besitzest du wirklich dieses Geheimnis?«

»Gewiss«, sagte sie.

Da warf sich Vater Tz'u vor ihr auf die Knie und grüßte sie mit hingerissener Gebärde:

»Wenn deine wunderbare Kunst gelingt, dann lade ich dich jedes Mal ein, wenn eine Knospe sich öffnet. Das soll deine Belohnung sein!«

»Sprechen wir noch nicht von Dank und Lohn. Geh und hole eine Schale Wasser!«

Mit einem Sprung war der Greis auf den Beinen und ging Wasser holen. Unterwegs fragte er sich zaghaft:

»Gibt es, o gibt es ein solches Wunder? Oder will das schöne Fräulein mir einen Streich spielen, weil es meine Tränen gesehen hat?«

Bald beruhigte er sich:

»Ich kenne ja dieses Mädchen nicht. Und welchen Grund hätte sie denn, mich aufzuziehen? Vielleicht, vielleicht gelingt es ihr, meine Blumen auferstehen zu lassen.«

Als er, die bis zum Rand gefüllte Schale mit Wasser in den Händen, zurückkam, fand er das Mädchen nicht mehr. Aber – o wunderbares Ereignis! – jede Blume hatte ihren Platz auf dem Stängel wieder eingenommen! Auf der Erde lag kein einziges Blütenblatt mehr. Und Wunder über Wunder. Früher hatte jede Pfingstrose in einer einzigen Farbe gestrahlt, nun waren sie vielfarbig geworden; die einen verschwisterten das Violette mit dem Leuchten des Scharlachs, die anderen krönten ihr tiefes Braun mit einer goldgelben Borte. Das Spiel von fünf verschiedenen Farben gab von nun an jeder Blume den Reiz des Wechsels und der Vielfalt. Und alle leuchteten in nie gekanntem Glanz.

Vater Tz'u sagte sich in seinem Entzücken:

»Wer hätte geglaubt, dass dieses kleine Fräulein solchen Zaubers fähig gewesen wäre?«

Er meinte, sie sei hinter den Blumenbeeten versteckt, setzte die Schale nieder und suchte sie überall, ihr seinen Dank zu sagen. Vergeblich suchte er in allen Winkeln des Gartens, er fand nicht die kleinste Spur. Er tröstete sich mit dem Gedanken, dass sie fortgegangen sei, aber nicht sehr weit entfernt sein könne.

»Ich muss sie um Ihr Geheimnis bitten«, sagte er und stürzte zur Pforte des Gartens. Er fand das Tor stark verriegelt. Erstaunt öffnete er es trotzdem.

Draußen saßen zwei Greise auf den Stufen. Es waren seine Nachbarn Vater Yü und Vater Chang, tief versunken in die Betrachtung der Fischer, die ihre Netze auf dem Damm des großen Sees trocknen ließen. Als Vater Tz'u kam, erhoben sich die beiden Nachbarn und grüßten ihn mit gekreuzten Händen. Beide entschuldigten sich und sagten:

»Wir haben von dem peinlichen Zwischenfall gehört … Bis jetzt sind wir auf den Feldern zurückgehalten worden, darum konnten wir Euch nicht zu Hilfe kommen.«

»Sprechen wir nicht davon«, antwortete der alte Gärtner. »Ich habe genug durchgemacht. Zu meinem Glück kam ein junges Mädchen in meinen Garten, es hat soeben alle zerstörten Blumen auferstehen lassen. Sie ist fortgegangen, ehe ich ihr Dank sagen konnte. Ihr habt sie gewiss hier vorbeigehen sehen?«

»Was sagt Ihr? Blumen auferstehen lassen?«, wunderten sich die beiden Alten. »Seit wann ist dieses Mädchen fortgegangen?«

»Sie muss soeben die Schwelle überschritten haben.«

»Wir sitzen hier seit geraumer Zeit, wir haben niemanden gesehen. Es war also eine Frau?«

Bei diesen Worten ging dem Vater Tz'u plötzlich ein Licht auf.

»Wenn es sich so verhält, dann ist das Mädchen nichts anderes als eine menschgewordene Unsterbliche!«

»Ja, aber sagt uns erst einmal, wie sie die Blumen wieder aufgerichtet hat.«

Vater Tz'u erzählte ihnen die Erscheinung des jungen Mädchens und sein Gespräch mit ihm.

»Das ist unglaublich, unerhört. Schauen wir das Wunder an«, sagten die aufs Höchste beunruhigten Greise.

Nachdem er vorsichtig die Pforte hinter sich geschlossen hatte, führte Vater Tz'u seine beiden Freunde zur felsigen Insel des Pfingstrosenbeetes.

»Sicher war es eine Fee! Eine Sterbliche hätte dieses Wunder nie vollbringen können«, sagten die Greise.

Da verbrannte der alte Gärtner Weihrauch, warf sich vor dem Weihgefäß zur Erde und dankte dem Himmel.

»Nun wird alles klar«, überlegten die Greise. »Eure getreue Hingabe an die Blumen hat den Himmel gerührt, und der Himmel hat Euch diese Unsterbliche gesandt, um Euer Unglück zu lindern. Morgen lassen wir einfach Ch'ang Wei herkommen, denn er wird vor diesem sichtbaren Gnadenbeweis des Himmels sich seiner schlechten Aufführung schämen.«

»Nein, nein«, widersprach der alte Gärtner, »solche Leute sind wie tolle Hunde, man kann sie nicht genug meiden; wozu auch, großer Himmel, sollte man sie kommen lassen?«

»Ja, Ihr habt recht«, beruhigten ihn die beiden Nachbarn.

Von Freude überschäumend wärmte der alte Gärtner Wein und bat seine Freunde, mit ihm gemeinsam im Schatten der Blumen zu trinken, bis die Abenddämmerung niederschwebe.

Auf dem Heimweg vergaßen die beiden Alten nicht, die außerordentliche Nachricht zu erzählen. Bald wusste das ganze Dorf von dem Wunderbaren. Vom frühen Morgen an wollte jeder mit eigenen Augen schauen. Nur die Furcht, von Vater Tz'u zurückgewiesen zu werden, ließ sie noch ein wenig zaudern.

Vater Tz'u war immer ein hellsichtiger, ein tiefdringender Geist gewesen; die Erscheinung der Unsterblichen ließ ihn nun in tiefe religiöse Betrachtungen versinken. Er fühlte die hohe Sendung, sich über das Leben der Menschen zu erheben und in erlauchten Bahnen zu wandeln. Unbeweglich saß er unter den Blumen, sammelte sich und verharrte in seiner Meditation während der ganzen Nacht. Er dachte auch an das schmerzliche Ereignis des gestrigen Tages und verstand plötzlich seinen Irrtum:

»Mein Herz war zu eng, zu sehr von meinem Ich und von meinem eigenen Werk erfüllt. Hätte ich die grenzenlose Freigebigkeit der Unsterblichen besessen, dann wäre ich nicht bis zu diesem Grade gedemütigt worden.«

So geschah es, dass er am Morgen weit seine Pforten öffnete und jedermann in seinen Garten treten ließ. Die ersten Besucher kamen nicht ohne Hemmung in den Park, so sehr überraschte sie die ungewohnte Geste des Alten. Auch der Anblick des Vaters Tz'u, der unbeweglich unter den blühenden Zweigen saß, schüchterte sie ein. Als die Besucher in seiner Nähe standen, zeigte er ihnen kein bekümmertes und ärgerliches Gesicht, sondern sagte schlicht:

»Betrachtet den Garten nach Herzenslust; ich bin zufrieden, wenn Ihr keine Blume berührt.«

So, strömten die Männer und Frauen des Dorfes Die Ewige Freude durch die offene Pforte.

Am gleichen Morgen sagte Ch'ang Wei, der seinen Weinrausch ausgeschlafen hatte, zu seinen Leuten:

»Gestern bin ich von dem alten Gauner Tz'u Siên angegriffen worden; ich verzeihe ihm nicht so billig. Heute gehen wir zu ihm und fordern seinen Garten. Verweigert er ihn, dann holen wir Verstärkung und zertrümmern alles, was sich unsern Händen bietet.«

»Wir haben keinen Widerspruch zu fürchten«, sagte jemand von seiner Bande, dem Hochmut seines Herrn zu schmeicheln. »Dieser Alte entwischt uns nicht; denn alle seine Güter liegen in der Nachbarschaft Eurer Besitzung, also in der Reichweite Eures mächtigen Armes. Nur hätten wir gestern die Blumen nicht vernichten sollen. Was bleibt uns noch, wenn wir uns jetzt den Garten aneignen?«

»Unsinn!«, sagte Ch'ang Wei, »Blumen gibt es auch im nächsten Jahr. Beeilen wir uns, sonst kommt der alte Fuchs auf neue Schliche.«

Als sie das Dorf durchquerten, hörten sie nichts anderes als das Gerede, dass eine Fee im Garten des Vaters Tz'u ein Wunder vollbracht hätte. Natürlich glaubte Ch'ang Wei kein einziges Wort.

»Welche Verdienste hat dieser alte Bandit, dass eine Unsterbliche sich vom Himmel herbemüht, ihn mit ihrem Besuch zu beehren? Und dann ausgerechnet nach unserem Weggang, um sozusagen die Verwüstung gutzumachen, die wir angerichtet haben? – Was glaubt Ihr denn! – Ich möchte gerne wissen, seit wann eine Unsterbliche sich herablässt und bei einem alten Gärtner Dienstmagd spielt. Für mich ist dies alles ein Lügengewebe, das der alte Fuchs ausgesponnen hat: Er sorgt für die Verbreitung seines Märchens mit der Absicht, uns unsicher zu machen, uns glauben zu lassen, er stehe unter dem Schutz der himmlischen Geister! Das ist einfach lächerlich.«

Das waren die Worte Ch'ang Weis, als sie vor dem Garten angekommen waren. Die dornenbewachsene Pforte stand mit beiden Flügeln offen. Ohne Unterlass kamen und gingen die Besucher und alle wiederholten den gleichen Satz:

»Die Blumen, die darniederlagen, sind auferstanden!«

»Ist das wahr?«, flüsterten die Leute Ch'ang Weis untereinander.

»Was geht es mich an«, sagte Ch'ang Wei. »Würden Unsterbliche in diesem Augenblick unter jeder Blumenkrone sitzen, ich zögerte nicht, dem Alten den Garten zu entreißen!«

Sie gingen die schattige Allee entlang bis zum strohbedeckten Haus. Dort blieben sie stehen, erstarrt von dem Schauspiel, das sich ihren Augen darbot: Alle Blumen, die sie gestern ausgerissen und zertreten hatten, lächelten von Neuem auf ihren Stängeln, und bei der Ankunft ihrer Angreifer verdoppelten sie den Glanz ihrer Schönheit.

Überrascht verharrte Ch'ang Wei mit offenem Mund und vermochte nicht, seine Bestürzung zu verbergen; doch starrköpfig verbiss er sich in den Plan, den Garten sich anzueignen. Dieser unleugbare Beweis eines Wunders verstärkte sogar seinen Trotz und den bösen Willen, den alten Gärtner zu verderben.

»Jetzt gehen wir erst einmal!«, befahl er, und seine Leute traten den Rückzug an.

Als sie draußen waren, fragte ihn einer nach der Ursache dieses Zurückweichens. Und Ch'ang Wei begann seine Erklärungen:

»Ich habe einen ausgezeichneten Plan gefasst. Wir haben es gar nicht nötig, von ihm den Garten zu verlangen. Wir werden ihn morgen besitzen, ohne einen Finger zu rühren. Und zwar so: Ein gewisser Wang Tse ist gegenwärtig in hellem Aufruhr begriffen im Land Pei-chao. Sein Beruf ist die Hexerei. Die Geheimpolizei Seiner Majestät des Kaisers hat allen Ortsbehörden des Reiches den Befehl gegeben, mit Schärfe jede Ausübung von Geheimwissenschaften zu verbieten, alle Hexenmeister und Schwarzkünstler zu verhaften, weil die Rebellen aus den Reihen ihrer Anhänger Zuzug erhalten. Der Präfekt unseres Bezirkes wird jedem Denunzianten dreitausend Sapeken in die Hand drücken. Morgen schicke ich Ch'ang Pa ins Amtshaus: Dort wird er den alten Tz'u Siên verklagen, weil er im Begriff war, den gesunden Menschenverstand der Bevölkerung durch Hexerei zu verwirren. Beweis: die Auferstehung der Blumen. Sofort wird man den Alten einsperren und seinen Garten öffentlich zum Verkauf anbieten. Natürlich wird niemand es wagen, den Garten eines Hexenmeisters zu erwerben. Darum werde ich ihn haben, ich, und zur gleichen Zeit die dreitausend Sapeken als offizielle Belohnung.«

Alle klatschten dem glanzvollen Plan ihres Herrn Beifall; dann eilten sie in die Stadt, die notwendigen Schritte zu tun. Eine regelrechte Anklageschrift gegen Vater Tz'u wurde aufgesetzt, und Ch'ang Pa, ein gerissener Diener, der in diesen Dingen Erfahrung besaß, sollte die Schrift am nächsten Tag im Amtshaus abgeben.

Und wirklich ließ sich der Präfekt sofort von der Schuld des Tz'u Siên überzeugen; denn Ch'ang Pa hatte das ganze Dorf als Augenzeugen angegeben. Als unter Führung von Ch'ang Wei und seinen Leuten die Büttel des Präfekten in den Garten eindrangen, erblickten sie den Vater Tz'u in höchster Verzückung, eingehüllt in die Freuden der Meditation, ahnungslos beim Herannahen dieser plötzlichen Gefahr. Die rohen Soldaten stürzten sich auf ihn mit lautem Gebrüll, als ob sie es mit einem wilden Tier zu tun hätten. Sie warfen den Alten um und fesselten ihn mit einem starken Strick. Aufgeschreckt fragte der alte Gärtner, warum man ihn festnehme. Ohne ihn einer Antwort zu würdigen, überschütteten sie ihn mit Schimpfworten: »Hexenmeister! Bandit! Rebell!«

Er kam nicht mehr dazu, sich länger zu wehren; denn er wurde aus dem Garten hinausgeschleppt. Aufgeregt strömten zahlreiche Nachbarn herbei, um das neue Missgeschick des Vaters Tz'u in Erfahrung zu bringen.

»Ihr habt wohl keine Ahnung vom Verbrechen dieses Mannes«, erklärten die Soldaten. »Es ist sogar zu befürchten, dass Euer ganzes Dorf in seine Schuld verstrickt ist!«

Schreckensbleich gingen die Bauern wieder fort und insgeheim beglückwünschten sie sich, dass sie in diese Sache nicht verwickelt waren.

Nur wenige Freunde des alten Gärtners, darunter Vater Yü und Vater Chang, folgten noch dem Zug, den Vorfall mit Besorgnis überdenkend. Unterdessen hatte in Abwesenheit des Gefangenen Ch'ang Wei mit seinen Leuten den Garten durchsucht. Dann drehte er den Schlüssel im Tor der Hecke um und strebte schnell dem Amtsgebäude zu.

Vor dem Präfekten zwang man den alten Gärtner in die Knie. Ein Mann ließ sich an seiner Seite als Ankläger auf die Knie nieder; es war Ch'ang Pa, den der alte Gärtner nicht erkannte. Kerkermeister und Soldaten verteilten sich zu beiden Seiten des Saales, in dessen Hintergrund sich die Tribüne erhob. Im Rücken des Angeklagten waren Folterwerkzeuge ausgebreitet. Alle die von Ch'ang Wei bestochenen Beamten waren beisammen, um den alten Gärtner zu verderben. Von der Höhe der Tribüne erschallte eine Stimme: Der Präfekt begann das Verhör.

»Wo kommst du her, Hexenmeister? Du hast es gewagt, meine Untergebenen durch Hexerei aufzuwiegeln! Wie viele Mitschuldige hast du? Gestehe!«

Bei diesen Worten fiel Vater Tz'u aus allen Wolken; ihm war zumute, als ob ihn der Luftdruck einer Kanonenkugel niedergeschmettert hätte. Endlich regten sich seine Lebensgeister wieder und er vermochte dem hohen Magistraten zu antworten:

»Ich, Euer bescheidener Untertan, wohne, so wie es meine Ahnen getan haben, im Dorf Die Ewige Freude. Ich bin weder ein Hexenmeister noch ein Landstreicher. Von der Hexerei verstehe ich nicht das Geringste!«

»Aber mit deiner Zauberkraft hast du niedergerissene Blumen auferstehen lassen. Wagst du dies zu leugnen?«

Tz'u Siên verstand, wo diese Fragen hinauswollten und ahnte, dass das ganze Komplott von Ch'ang Wei angezettelt worden war.

So erzählte er dem Präfekten die Geschichte seines Zusammenstoßes mit Ch'ang Wei und die wundersame Erscheinung einer Unsterblichen. Der Präfekt aber glaubte kein Wort. Er nahm das Verhör wieder auf und sagte mit ironischer Betonung:

»Es gibt Büßer von wirklich hoher Tugendhaftigkeit, die unsterblich werden wollen, ihnen ist niemals eine einzige Gesandte des Himmels begegnet. Und du willst uns glauben machen, dass die Unsterblichen so leicht zu dir kommen, nur weil du vor deinen Blumen ein paar Tränen vergossen hast? Deine Unsterbliche hätte dir ja ihren himmlischen Namen anvertrauen können, auf dass alle Welt ihn erführe. Wie? Sie ist fortgegangen, ohne Abschied von dir zu nehmen? Deine Märchen sind ja zum Lachen! Ich bin nicht so leichtgläubig. Jedes weitere Verhör ist überflüssig. Es besteht kein Zweifel, dass du ein Hexenmeister bist!«

Der Präfekt warf dem Henker den Befehl zu, mit der Folterung zu beginnen.

»Spannt ihn in den Rahmen!«, schrie er.

Die Henkersknechte brüllten »Ja«, wie aus einem Mund. Wölfen und Tigern gleich stürzten sie sich auf den alten Gärtner und warfen ihn zu Boden. Die einen hielten seine Beine fest, die anderen seine Hände und Füße. Sie waren gerade im Begriff, ihn in den Folterrahmen zu spannen, als der Präfekt plötzlich von einem Schwindelanfall erfasst wurde und von der Tribüne herunterzufallen drohte. Er verlor den Kopf, seine Augen verschleierten sich. Da er nicht mehr sitzen konnte, schloss er die Verhandlung und befahl, dem Gefangenen den Halsring anzulegen und ihn einzusperren.

Als Vater Tz'u von den Kerkermeistern aus dem Amtshaus geschleppt wurde, weinte er. Plötzlich sah er Ch'ang Wei am Straßenrand stehen und sagte ihm: »Herr Ch'ang, welchen Hass konnte ich wohl in Euch erregen, dass Ihr mir so grausam nachstellt?«

Ch'ang Wei antwortete nichts und drückte sich in aller Eile. Ch'ang Pa, der Ankläger, und die anderen Spitzbuben taten dasselbe. Da näherten Vater Yü und Vater Chang sich dem Gefangenen.

»Welches Unglück! Welches Unrecht!«, sagten sie zum alten Gärtner. »Ihr dürft Euch aber keine Sorgen machen, Vater Tz'u, morgen lassen wir eine Bittschrift vom ganzen Dorf unterzeichnen, um Eure Unschuld zu beweisen.«

»Oh, ich wünschte mir nichts Besseres«, antwortete Vater Tz'u unter Tränen.

Die Aufseher unterbrachen ihn schroff:

»Willst du endlich weitergehen, Verurteilter? – Was nützt es dir, dass du wie ein Frauenzimmer plärrst?«

Sie schleppten ihn unbarmherzig bis zu seiner Zelle. Einige Nachbarn des Vaters Tz'u brachten Wein und Nahrung ins Gefängnis. Die Wächter nahmen beides an, gaben aber dem Gefangenen nichts. Sie hielten alles für den eigenen Gebrauch zurück.

Als die Schatten der Nacht kamen, kettete man den alten Gärtner auf die Bank der Verurteilten. Schon war er nichts als ein lebender Leichnam; er konnte weder Arme noch Beine bewegen. Den Tod im Herzen dachte er über das Verhängnis nach, das ihn in den Untergang getrieben hatte; er vermochte es nicht zu fassen, dass die Erscheinung seiner Unsterblichen diesen Feldzug der Verleumdung heraufbeschwören und Ch'ang Wei den Vorwand für seine Anklage geben durfte.

»O meine Unsterbliche«, schrie der greise Gefangene, »habe Mitleid mit deinem demütigen Knecht! Rette mich vom Tode wie du meine Blumen gerettet hast. Ich gelobe, dass ich allem irdischen Treiben entsagen werde, dass ich mich ganz dem Dienst des Tao-Chiao weihen will.«

Kaum hatte er sein Gelöbnis ausgesprochen, als er die Unsterbliche, die ihm damals im Garten erschienen, langsam zu ihm niederschweben sah.

»Unsterbliche, du Große!«, rief der Greis, »hilf deinem Schüler Tz'u Siên!«

Und sie sprach zu ihm:

»Sei befreit von allen Qualen und von aller Gefahr!«

Sie berührte mit dem Finger die Kette und den Halsring. Plötzlich sprangen die Folterwerkzeuge auseinander und fielen klirrend zur Erde. Tz'u Siên warf sich nieder, berührte den Boden mit seiner Stirn.

»Darf ich deinen Namen erfahren, du Unsterbliche?«, stammelte er.

»Ich bin«, sagte das überirdische Mädchen, »die Hüterin der Blumen im Dienst der Großen Königin des Westens. Von deiner Hingabe an die Blumen gerührt, habe ich in deinem Garten ein Wunder vollbracht; nie glaubte ich, dass dieses Wunder den Übeltätern in ihren finstern Plänen helfen würde. Es ist aber von deinem Schicksal beschlossen, dass du ein solches Unglück auf dich nehmen musst. Bald wirst du deine Prüfung überwunden haben. Nicht ungestraft verdirbt Ch'ang Wei die Blumen, nicht ungestraft quält er auch die Menschen: Die Geister der Blumen haben ihre Klage gegen Ch'ang Wei vor den Kaiser des Himmels getragen. Die Tage des Übeltäters sind gezählt. Auch auf seine Spießgesellen wird die himmlische Strafe fallen. Du aber, übe deine Willenskraft, den Weg zur Vollendung, der Erkenntnis des Tao zu gehen. In einigen Jahren komme ich wieder und führe dich hinan ins Reich der Unsterblichen.«

Tz'u Siên presste wiederum die Stirn an den Boden und fragte:

»Kannst du mir von heute an den Weg der Tugend weisen?«

»Der Wege sind viele«, sagte die Unsterbliche, »suche den Weg, der *dir* gemäß ist. Dein Verdienst wächst aus deiner Liebe zu den Blumen; erfülle deine Tugend auf dieser Bahn! Nähre dich einzig von den Blättern der Blumen, dann wird dein Leib von selber leicht werden und dich in die Lüfte tragen.«

Und sie adelte den alten Gärtner zum Eingeweihten auf dem Weg der Unsterblichkeit. Noch einmal grüßte sie der Greis bis zum Boden voll ekstatischer Dankbarkeit. Er erhob sich und sah die Unsterbliche schweben – in halber Höhe der Mauer. Ihm war, als ob sie ihm winkte, als ob ihre Hand ein leises Zeichen gäbe, ihr zu folgen. Und so versuchte er, die Mauer emporzuklettern. Kaum war er bis zur halben Höhe emporgestiegen, als ihm der Atem ausging. Er verdoppelte seine Anstrengung: Schon berührte er die Decke, da vernahm er den heftigen Schlag eines Gongs und den Schrei: »Der Hexenmeister bricht aus! Haltet ihn!«

Seine Hände und Füße begannen zu zittern, seine Sinne verwirrten sich, von aller Kraft verlassen fiel er, schwer und dumpf, den Kopf voran. Ein mächtiger Aufprall – und er erwachte.

Er wunderte sich, dass er noch immer an die Pritsche der Verurteilten gekettet war. Ist alles nur ein Traum gewesen? Und die Worte, die die Unsterbliche mit ihm gewechselt hatte, wie waren sie klar, wie waren sie deutlich, schattenlos leuchtend in ihrer Offenheit. Sie mussten gesprochen, sie konnten nicht nur erträumt worden sein. Eine zaghafte Hoffnung auf nahe Befreiung rieselte tröstend in ihm.

Der Präfekt, ein Mann ohne kritische Fähigkeit, ließ sich leicht überzeugen; für ihn war der Gärtner Tz'u Siên nichts anderes als ein Hexenmeister. Schon glaubte Ch'ang Wei sein Spiel gewonnen. Er sagte seinen Leuten:

»Der alte Schwarzkünstler soll sich diese Nacht gemütlich auf seinem Bett der Verurteilten ausstrecken, wir unterhalten uns unterdessen in seinem Garten.«

Alle klatschten Beifall und die Bande wälzte sich dem Garten zu, gefolgt von Dienern, die Wein und Speisen trugen. Die Nachbarn sahen sie eindringen in Vater Tz'us Heiligtum und die Galle lief ihnen über; doch sie waren zu ängstlich, um einzuschreiten.

So kamen Ch'ang Wei und seine Spitzbuben vor das strohbedeckte Haus. O Schrecken! Wiederum senkten die niedergerissenen Pfingstrosen sich auf den Grund des

Beetes, ihre Zweige, von all den leuchtenden Blüten entblößt, trauerten zerbrochen daneben. Die misshandelten Blumenblätter lagen zertreten auf dem Boden. Von Neuem erschien der Garten verwüstet wie damals nach dem Angriff.

»Merkwürdig«, murmelten die Besucher beunruhigt. Ch'ang Wei überlegte laut:

»Sollte der alte Verbrecher von Gärtner wirklich ein Hexenmeister sein? – Wie anders könnte man sich denn diese plötzlichen Verwandlungen erklären?«

»Vielleicht ist die Unsterbliche, von der die Rede war, doch erschienen? – Hat sie vielleicht heute den Tod über die Blumen gehaucht?«, sagte einer aus der Bande. Und ein anderer sprach:

»Sicher hat es der alte Hexenmeister vorausgesehen, dass wir hierher kommen werden, und dieses Schauspiel inszeniert, um uns schamrot zu machen.«

»Er wird für die Kosten dieses ›Schauspiels‹ aufkommen müssen«, sagte Ch'ang Wei; »wir trinken dennoch im Angesicht dieser toten Blumen. Wie nennen wir unsere Feier? – Wir nennen sie ›das Fest der verwelkten Blumen‹!«

Die Diener entrollten den Teppich auf der Erde. Und sie tranken nach Herzenslust. Zwei Flaschen wurden Ch'ang Pa gespendet, der den Prozess so herrlich geführt hatte. Das Gelage zog sich bis in den sinkenden Abend. Jetzt warf die Sonne ihre schrägen Strahlen auf die halb betrunkenen Gesellen.

Jäh erhob sich ein tobender Wind. Der Orkan sandte einen Wirbel zur Erde, fegte alle zerstreuten Blütenblätter zusammen und trug sie empor. Der Wind erfüllte sie mit seinem Hauch, und in einem einzigen Augenblick verwandelte sich jedes der schimmernden Blätter in eine kleine Frauengestalt, nicht höher als ein Fuß. Entsetzensstarr brüllten die Trinker:

»Gespenster, Gespenster!«

Es geschah aber, dass die kleinen Gestalten im Rhythmus der Windstöße wuchsen und wuchsen, bis sie menschliche Gestalt und Größe angenommen hatten. Sie alle waren von zauberhafter Schönheit, ihre Gesichter blühten in unaussprechlicher Anmut und ihre Gewänder blendeten das Auge. Immer vom Wind bewegt tanzten sie einen schwebenden Reigen. Verführt von diesem Übermaß an Schönheit fielen die Trinker in Ekstase. Da hob eines dieser Wundergeschöpfe, ganz in Rot gekleidet, zu sprechen an:

»Wir alle sind Schwestern und wohnen hier seit vielen Jahren, geliebt und verwöhnt von Vater Tz'u. Heute aber, wo kommen diese Unmenschen her, die uns beleidigen mit ihrem unreinen Atem? Ich erkenne sie wieder, es sind die gleichen, die uns mitleidlos gequält und misshandelt haben, die den Vater Tz'u in den Untergang stoßen wollten, um seinen Garten leichter stehlen zu können. Hier sind sie, meine Schwestern, hier sind unsere Feinde unter den Sterblichen! Kommt, greifen wir sie an mit gesammelten Kräften! Waschen wir uns rein von ihren Beleidigungen, rächen wir unseren Freund und Wohltäter, den Vater Tz'u!«

Die anderen Frauen sangen im Chor:

»Deines Sinnes sind wir alle,
Bringen wir sie schnell zu Falle!«

Und sie nahten im Sturm, ihre langen Ärmel schwingend, die im Wind knatterten wie Oriflammen. Auf einen Schlag durchdrang eisiger Atem die Knochen der Trinker.

»Rette sich wer kann vor den Phantomen«, schrien die Angegriffenen und flohen in wilder Panik. In ihrer Todesangst fanden sie die Ausgangspforte nicht mehr. Die einen verstauchten die Füße an den Steinen; die anderen verletzten ihr Gesicht im Gezweig; andere taumelten und stürzten, standen wieder auf und rannten verwundet weiter, bis sie auf ihrer ausweglosen Flucht niedersanken. Erst als sie den Garten weit hinter sich gelassen, verlangsamten sie ihren Lauf und holten Atem.

Sie zählten ihre Köpfe: Zwei Personen fehlten. Es fehlten Ch'ang Wei und Ch'ang Pa, der Herr und sein Lieblingsdiener.

Endlich legte sich der Wind, aber die Nacht kam mit weiten Schritten. Die jungen Spitzbuben beeilten sich nach Hause zu gehen, froh, nur mit der Angst davongekommen zu sein. Den Kopf zwischen die Hände gepresst, als ob sie sich schützen wollten vor einem unsichtbaren Feind, tauchten sie in der Finsternis unter wie geschlagene Ratten.

Die Diener von Ch'ang Wei aber boten viele Bauern als Verstärkung auf. Man zündete Fackeln an und sammelte sich zu einer Treibjagd. In der Tiefe des Gartens, unter einem riesigen Pflaumenbaum, hörten sie Ächzen und Stöhnen. Im Licht der Fackeln erkannten sie Ch'ang Pa, der heftig gegen den Baum geprallt war, nachdem vorspringende Wurzeln seine Füße zum Stolpern gebracht hatten. Er lag da, schwer verwundet am Kopf, unfähig sich zu erheben. Zwei Bauern hoben ihn auf und trugen ihn nach Hause.

Ch'ang Wei blieb unauffindbar, trotz emsigen Suchens. Tiefe Stille lastete in der Finsternis, nicht das leiseste Geräusch war im Garten zu vernehmen. Nur die Pfingstrosen unter ihrem Zelt begannen neu zu erblühen, als ob nie etwas geschehen wäre. Im Saal und auf den Stufen lagen zerbrochene Teller und Tassen. Der Wein sickerte in den Boden.

»Seltsam«, sagten die Suchenden. Vor Staunen streckten sie die Zunge heraus. Als sie die Scherben aufgehoben hatten, nahmen sie ihre Nachforschungen wieder auf. Sie fanden aber keine Spur des Verschwundenen. Der Park war eigentlich nicht riesengroß: Sechs oder sieben Mal hatten sie ihn ganz durchstreift beim Schein der Fackeln. Alles war vergeblich. Wo lag das Versteck des Herrn Ch'ang Wei? – Haben ihn vielleicht die Gespenster verschlungen, hat ihn der Wirbelwind entführt? – Zögernd gaben die Diener ihre Suche auf und beschlossen, zu Hause das Ende der unheimlichen Nacht zu erwarten.

Sie kamen bis zum Tor, als eine andere Gruppe ihren Weg kreuzte; es waren Vater Yü und Vater Chang mit einigen Nachbarn. Das Licht der Laternen fiel auf ihre Gesichter. Sie wollten ebenfalls Ch'ang Wei suchen. Obwohl die Diener des Verschwundenen jegliche Hoffnung aufgegeben hatten, bestanden die beiden Greise auf einer neuen und noch gründlicheren Nachforschung. Die Anstrengungen blieben erfolglos. Alle gaben ihre Bemühungen auf. Beim Ausgangstor sagten die beiden Greise zu den Dienern des Herrn Ch'ang Wei:

»Ihr habt es sicher nicht mehr vor, in der Nacht hierher zu kommen? – Wir teilen Euch mit, dass wir das Tor verschließen werden. Der Garten ist unbewacht und wir fühlen uns verantwortlich für alles, was darin passieren könnte.«

»Handelt nach Belieben«, sagten die Diener, die ohne ihren Herrn und ohne dessen Befehle plötzlich sehr nachgiebig geworden waren.

Im Augenblick, da die beiden Gruppen sich trennen wollten, schrie ein Bauer am Fuß der östlichen Mauer:

»Unser Herr ist hier!«

Alle rannten hin.

»Hängt an diesem Aste nicht das Tüchlein aus Seidenflor, das Halstuch unseres Herrn?«, fragte der Mann, indem er den Finger ausstreckte.

Alle erkannten das Halstuch und dachten, dass sein Besitzer nicht weit sein könne. Sie schritten vorsichtig die Mauer entlang, bis ein Schrei sich erhob:

»Wehe, da ist er!«

In der Nähe lag, abseits des Weges, ein breiter Graben voller Mist und Kot. Ein Menschenkörper war mitten hineingepflanzt, die Beine ragten in die Luft, der Oberkörper steckte in der Tiefe. Sofort erkannten alle an den Schuhen, an den Strümpfen und Hosen, dass es kein anderer war als Ch'ang Wei.

»Er ist es, daran ist kein Zweifel!«

Im Flackern der Fackeln und Laternen taten sie alles, um den Unglücklichen herauszufischen. Von den Bewegungen der Rettungsmannschaft aufgewühlt, stieg aus dem Schmutz des Grabens ein furchtbarer Gestank. Der Unselige war tot, mausetot, erstickt. Die Bauern brachten den Körper auf den Damm des Sees und wuschen ihn mit einer Menge Wasser. Zur gleichen Zeit eilte ein Diener nach Hause, um die düstere Nachricht zu überbringen.

Beim Frührot starb auch Ch'ang Pa an seinen Wunden.

Es war an diesem Tag, da im Amtshaus das Verhör des »alten Hexenmeisters« fortgesetzt wurde. Die Sitzung war kaum eröffnet, als ein Polizist hereinstürmte und den Bericht vom plötzlichen Tod von Ch'ang Pa, dem Angeber, und von Ch'ang Wei, seinem Herrn, überbrachte. Noch hatte der Präfekt keine Zeit gefunden, sich zu fassen, als ein zweiter Polizist die Ankunft von achtzig greisen Bauern meldete, die eine Bittschrift zugunsten des alten Gärtners einreichen wollten.

Angesichts dieser Fülle von Ereignissen dachte der Präfekt, dass es das Mindeste wäre, den alten Gärtner auf der Stelle zu befreien. Er gewährte ihm zugleich ein amtliches Plakat, das er am Tor seines Gartens anschlagen durfte:

»Es ist den Besuchern verboten, die Blumen zu beschädigen!«

Alle, der alte Gärtner und seine Nachbarn, berührten den Boden mit der Stirn, um ihrem großzügigen Präfekten zu danken.

Von diesem Tag an nährte sich der Vater Ts'u nur noch von Blumenblättern; nach und nach entwöhnte er sich jeder irdischen Nahrung. Er verteilte alles, was er mit dem Verkauf der Früchte verdiente, als Almosen an die Armen. Wenige Jahre später hatte sich sein Antlitz ganz verwandelt: Es war glatt und schön wie das Gesicht eines Jünglings und seine weißen Haare wurden braun.

Eines Tages, beim Fest der Herbstmitte, strahlte die Sonne in nie gesehenem Glanz an einem Himmel, von dem alle Wolken weggewaschen waren. Der alte Gärtner saß vor seinen Blumen und glaubte in der Luft wundervolle Akkorde zu vernehmen. Dann überflutete ein fremder, süßer Duft den Garten, drang in sein Herz und erfüllte es ganz. Er hob das Haupt und sah einen breiten Nebelstreif, der in vielen Farben leuchtete, vom Himmel niedersinken; blaue Phönixe und weiße Störche flatterten rings um ihn her. Der Nebelstreif hielt gerade über dem Garten in seinem Weg inne; er spaltete sich, und eine Unsterbliche tauchte empor. Es war die Hüterin der Blumen im Dienst der Großen Königin des Westens, umgeben von Dienerinnen, die ein Musikinstrument trugen, eine leuchtende Fahne oder einen Baldachin. Der alte Gärtner sank in die Knie und die Unsterbliche verkündete ihm den Urteilsspruch des Himmels:

»Ts'u Siên, du hast deine vorgezeichnete Buße auf Erden vollbracht. Vom Herrscher des Himmels erhielt ich die Erlaubnis, dich den ›Wächter der Blumen‹ zu nennen. Heute noch wirst du in den Himmel kommen.«

Der alte Gärtner dankte dem himmlischen Herrscher für seine Gnade und stieg auf die Wolke zu den Unsterblichen. Da erbebte die Wolke, und mit Ts'u Siên hoben die Hütte, die Bäume und die Blumen sich langsam in die Lüfte, gegen Süden sachte entschwebend, die strahlende Gruppe der Unsterblichen und den alten Gärtner in ihrer Mitte.

Die Bewohner des Dorfes, Vater Yü und Vater Chang unter ihnen, sahen das Wunder und sanken in die Knie. Von der immer weiter sich entfernenden Wolke winkte der alte Gärtner zum Abschied, ehe er in der unermesslichen Bläue verschwand.

An diesem Tag wurde der Ort Die Ewige Freude umgetauft und heißt nun Das Dorf der unsterblichen Blumen.

# Die wunderbare Begegnung des jungen Doktor Ts'ui

Herr Ts'ui, ein Gelehrter in der Zeit des Kaisers Hsüan-tsung, bewohnte ein Sommerhaus am Eingang des Tales Lo, in der Provinz T'ung-chao. Eine große Leidenschaft beseelte ihn: die Zucht und Pflege erlesener Blumen. In den leuchtenden Tagen des Lenzes gab jede dieser lichtgewobenen Blumen seinem Garten eine besondere Note an Farbe und Duft; niemand hätte ihrer feenhaften Schönheit widerstehen können.

Früh erhob sich der Gelehrte an jedem Tag, begoss die Blumen und verharrte lange im Anschauen der blühenden Beete. Eines Morgens gewahrte er eine junge Frau, die an seinem Garten vorüberritt. Mehrere Diener, alte und junge, begleiteten sie. Die junge Dame war von ungewöhnlicher Schönheit, und auch ihr Pferd schien von edelster Rasse zu sein. Bevor der junge Mann aber Zeit gefunden, sie aus der Nähe zu betrachten, war die Kavalkade bereits in der Ferne verweht. Am nächsten Morgen geschah das Gleiche, und an den übrigen Tagen auch.

Von dieser täglichen Begegnung geblendet und gebannt, bereitete Herr Ts'ui beizeiten Tee und Wein, stellte Amphoren und Schalen auf einen Teppich, den er vor seine Türschwelle hingelegt hatte. Er erwartete nun die gewohnte Stunde, da die junge Reiterin mit ihren Begleitern vorbeikommen musste. Als er sie von Weitem heranreiten sah, warf er sich auf ein Pferd und trabte ihr entgegen. Ehrerbietig grüßte er die junge Dame und stellte sich mit wohlgesetzten Worten vor:

»Demütig steh' ich Euch zu Diensten, hohe Frau! Ich bin ein hingegebener Freund der Blumen und der köstlichen Gewächse. Hier ist mein Garten. Wenn er Eure edlen Blicke ein wenig zu fesseln vermag, so ist dies die Frucht meiner langen und geduldigen Pflege. Jetzt ist die hohe Zeit der Blumen. Ich bitte Euch, beehrt mich mit Eurem Besuch und sei er auch nicht länger als der Augenblick, den Ihr meinen Blumen schenkt. Eure Leute und Euer schönes Pferd sind sicher müde; gestattet mir, sie mit einem Trunk zu laben, damit sie sich entspannen.«

Diese Einladung ließ die schöne Reiterin kalt. Sie setzte ihren Weg fort und würdigte ihren Anbeter nicht eines einzigen Blickes. Hinter ihr ergriff ein junger Diener das Wort und sagte halb ausgelassen, halb im Scherz:

»Fahrt nur fort, uns Getränke zu bereiten! Ihr werdet es noch erleben, dass man sie annimmt.«

Die junge Frau kehrte sich schroff im Sattel um und herrschte den geschwätzigen Diener an:

»Wer gab dir die Erlaubnis, so zu sprechen;«

Am nächsten Morgen wiederholte Herr Ts'ui seinen Versuch. Er ritt dem Zug weit entgegen und folgte ihm bis zur Höhe seines Gartens. Hier sprang er zur Erde und warf sich vor dem scheuenden Pferd der schönen Unbekannten nieder. Sie war gezwungen, stehen zu bleiben. Leidenschaftlich beschwor er sie, in seinen Garten einzutreten. Die junge Frau verharrte in ihrem gewohnten

Schweigen, schien jedoch zu zaudern. Endlich ergriff ein alter, weißbärtiger Diener das Wort:

»Euer Pferd ist wirklich müde«, sagte er zu seiner Herrin. »Ich glaube, dass nichts dagegen spricht, wenn wir hier ein wenig rasten wollen.«

Und ohne den Befehl abzuwarten, zog er das Pferd bis zur Gartenpforte.

Nicht lange dauerte der Besuch. Noch konnte der Gelehrte sich von seinem Entzücken über die zauberische Anmut und die holde Schönheit der Besucherin nicht erholen, und schon bereitete die Gesellschaft ihren Aufbruch vor. Trotz seiner Enttäuschung wusste Herr Ts'ui, dass jede Mühe, sie zurückzuhalten, vergeblich war. In diesem Augenblick trat der alte Diener auf ihn zu, winkte ihn in eine Ecke und flüsterte in sein Ohr:

»Wenn Ihr wirklich die Absicht habt, unsere Herrin um ihre Hand zu bitten, dann wendet Euch an mich. Ich will Euch als Vermittler dienen.«

Freudig erklärte Herr Ts'ui sich einverstanden. Und um zu zeigen, wie ernst es ihm mit seiner Werbung war, zögerte er nicht, vor dem Alten auf die Knie zu fallen.

»Zählt auf mich«, ermutigte ihn der Greis, »alles wird sich aufs Beste fügen. Gegenwärtig ist die ältere Schwester des jungen Mädchens ein wenig krank. Sie wohnt im Tale Lo. Darum reitet meine Herrin jeden Tag dorthin und erkundigt sich nach ihrem Befinden. Ich werde meiner Herrin Eure Wünsche überbringen. Heute in vierzehn Tagen naht ein Morgen voll guter Vorzeichen. Ordnet nun alles an, was die Hochzeitsbräuche fordern, und haltet Wein und Speisen hier bereit. Wenn der entscheidende Tag kommt, werden wir alle da sein.«

Nachdem das schöne Mädchen in der schimmernden Ferne verschwunden war, machte sich Herr Ts'ui sofort an die Vorbereitung des festlichen Tages. Genau nach zwei Wochen kehrte sie zurück, in Begleitung ihrer Schwester, ebenfalls einer ungewöhnlichen Schönheit. Von nun an wohnte die junge Frau mit dem Gelehrten Ts'ui in dessen Garten, als Königin im Reich der brennenden Farben und der betörenden Düfte. –

Die Mutter des Doktor Ts'ui, in der fernen Stadt zu Hause, ahnte nichts von der heimlichen Hochzeit ihres Sohnes. Weil er ihr damals nichts mitgeteilt hatte, sagte er nun, dass es sich nur um eine illegitime Verbindung handle. Die Mutter aber wünschte die junge Frau zu sehen und war von ihrem unaussprechliche Reiz überrascht und gefesselt.

Viele Monde gingen dahin, nachdem sich das junge Paar bei der Mutter niedergelassen hatte. Eines Tages brachte man der jungen Frau Süßigkeiten im Auftrag ihrer Familie; es waren Leckereien von nie gekanntem Schmelz und Duft. Die davon gegessen, konnten ein Gefühl des Entzückens, gemischt mit leiser Furcht, nicht verbergen. Nach einigen Wochen bemerkte der Gelehrte, dass das wohlwollende Gesicht seiner Mutter sich mehr und mehr verdüsterte. Ein heimlicher Gram wühlt in ihr, sagte er sich. Er warf sich vor ihrem Stuhl nieder und beschwor sie, ihm die Wahrheit zu offenbaren.

»Du bist mein einziger Sohn«, seufzte die alte Dame, »und immer wünschte ich dich ohne Fehl und Tadel. Nun

hast du eine Frau gefunden, deren Schönheit und Grazie, deren Schreiten und Bewegung der Hände etwas Übernatürliches erraten lassen. Ja, im Wesen deiner Frau liegt etwas Wunderbares, das die Vorstellungskraft von uns armen Sterblichen übersteigt. Vielleicht ist sie ein verhexter Fuchs, der gekommen ist, dir zu schaden! Dieser Gedanke hält mich Tag und Nacht umklammert.«

Es war deutlich, dass sie den Sohn trennen wollte von seiner jungen Frau. Als wohlerzogener Sohn konnte Herr Ts'ui nichts anderes tun als sich dem mütterlichen Willen beugen. Er wagte keinen Widerspruch.

So trat er in sein Zimmer und fand dort seine junge Frau, die bitterlich weinte. Sie wusste schon von den Worten, die zwischen Mutter und Sohn gefallen waren.

»Ich glaubte, dass ich dir dienen dürfe bis zum Ende«, schluchzte sie. »Wer hätte es ahnen können, dass deine verehrungswürdige Mutter mich einen Fuchs schelten würde! Mir bleibt nichts, als zu gehen. Morgen werde ich dich verlassen.«

Ihr Gatte brach in Tränen aus. Von Schmerz besessen fand er keine Worte, um die Frau zu trösten, die er innig liebte. Am nächsten Morgen stand die gleiche Gefolgschaft, die einstmals sie hierhergeleitet, vor der Tür. Die junge Frau schwang sich auf ihr Pferd. Herr Ts'ui begleitete sie auf dem Rückweg, und er ritt hinter ihr mit dem Gefolge. Kein Mensch hatte während der ganzen Reise den Mut, ein Sterbenswörtlein zu flüstern.

Sie drangen ein ins Tal Lo, etwa dreißig Li tief und gelangten an den Rand eines wilden Baches, der in einer gewaltigen Berglandschaft mit Klippen und Schründen rauschte. Fremdartige Blumen und fruchttragende Bäume von nie gesehener Fülle und Pracht umsäumten den Fluss. Am Ende eines Seitentales leuchtete ein Palast, von zierlichen Pavillons umgeben, in fürstlichem Glanz. Als die Begleiter der jungen Frau sich dem Palaste näherten, strömte eine große Schar von Dienern und Dienerinnen aus den Pforten und umringten die schöne Reiterin. Da erblickten sie den Doktor Ts'ui und fragten ganz erstaunt:

»Der wankelmütige Herr Ts'ui! Warum hat man ihn hierher geführt?«

Die Diener trugen ihre junge Herrin ins Haus und ließen den Gelehrten vor der Tür warten. Zögernd wandte er sich zum Gehen, gesenkten Hauptes. In diesem Augenblick hörte er seinen Namen rufen. Es war eine Dienerin, die ihm von der Schwester ihrer Herrin eine Botschaft überbrachte.

»Der junge Mann hat keine Festigkeit und die alte Dame kein Vertrauen. Die Beziehungen zwischen unseren beiden Familien sind nunmehr zerrissen. Wir dürfen uns niemals wiedersehen. Weil aber meine kleine Schwester zu Beginn ihrer Ehe bei den Ts'uis willkommen war, lade ich den jungen Mann ein, dieses eine Mal mein Haus zu betreten.« So lautete die Botschaft.

Herr Ts'ui wurde vor die schöne Schwester geführt. Sie hob die Augenbrauen und überhäufte ihn mit Vorwürfen. Trotz ihrer Strenge aber waren die Worte sanft, sogar angenehm zu hören. Der Gelehrte lag zu Füßen der zürnenden Schwester und antwortete ihr nur mit der Geste tiefster Demut, immerfort den Boden mit der

Stirn berührend. Es kam die Zeit des Mittagsmahles. Der junge Mann wollte fortgehen, doch die Schlossherrin hielt ihn zurück und ließ ihn am Gästetisch bewirten. Das Mahl war kaum beendet, als die Vorhänge sich teilten und eine Schar junger Mädchen hereinhuschte. Die einen trugen Getränke, die andern Musikinstrumente in ihren elfenbeinhellen Fingern. Gruppenweise setzten sie sich und begannen zu spielen. Sie spielten ein still dahinfließendes Adagio, eine träumerische Symphonie. Mühelos und ohne Schwere glitten die Töne in den Raum. Sie erregten die Vorstellung von einem Bache, der in der Ferne weint. In sein zerwühltes Bett fallen zahllose herbstliche Blätter, leise, kühl, besänftigend. Sie decken mit ihrer zartgoldenen Fülle die klagenden Fluten zu. Zögernd erwachte der junge Gelehrte aus seiner Verzückung. Er blickte in den Saal und gewahrte, dass die Musik lange schon verklungen war; aber ein feiner, kaum spürbarer Nachhall zitterte noch über sein Gemüt.

»Der Weg ist dem Reisenden offen«, sagte die Schwester, »ich wünsche Euch eine gute Heimkehr!«

Dann wandte sie sich an ihre jüngere Schwester und fügte hinzu: »Willst du ihm kein Andenken mitgeben?«

Die junge Frau zog aus dem breiten Ärmel ihres Gewandes ein Kästchen aus weißer Jade und hielt es dem Gelehrten hin. Dieser verbeugte sich tief und dankte ihr. Dann sagte er ihr die Abschiedsworte, leise, bedrückt. Nur mit Mühe konnten die Liebenden ihr Schluchzen unterdrücken; doch die Tränen flossen haltlos über ihre Wangen.

Als Herr Ts'ui den Palast verlassen hatte, wandte er nach einiger Zeit sich um; aber er sah nichts anderes mehr als tausend Felszacken über finsteren Abgründen. Wie weggeblasen war das Schloss. Vom Weg, den er soeben hinter sich gebracht, konnte er keine Spur mehr entdecken. Um ihn war nichts als eine wilde, tosende Einsamkeit. Endlich kam er zu seinem Sommerhaus, heiße Tränen in den Augen.

Oftmals in den kommenden Monaten nahm er das weiße Kästchen, streichelte es, presste es an sein Herz, das so schwer war von Reue. Und immer, wenn er das Kleinod liebkoste, tönte an sein Ohr der Nachhall jener stillen, träumerischen Musik, die vor seinem Abschied von der Geliebten erklungen.

Eines Tages kam ein tatarischer Mönch an seine Pforte, um zu betteln, und sagte ohne Umschweife:

»Ihr verbergt einen großen Schatz, Meister! Wollt Ihr nicht die Güte haben, ihn mir zu zeigen?«

»Ich bin nur ein armer Gelehrter«, sagte Herr Ts'ui erstaunt. »Warum stellt Ihr mir eine solche Frage?«

»Habt Ihr nicht von einer außerordentlichen Persönlichkeit ein Geschenk bekommen?«, flüsterte der Tatar. »Ich kann es aus Eurem Gesichte lesen.«

So willigte Herr Ts'ui ein, dem Mönch das Kästchen aus Jade zu zeigen. Als er es erblickte, erhob sich der Mönch, von Ehrfurcht gepackt. Er bot eine Million Sapeken und erwarb das weiße Kleinod. Ohne Zeit zu verlieren, machte er sich auf den Weg. Ts'ui aber rief ihn zurück und fragte:

»Ja, wisst Ihr denn, wer diese junge Frau gewesen ist?«

»Sie, die Eure Frau Ihr nennen durftet, ist die Tochter der Königin des Westens, der Schutzherrin aller Taoisten. Ihr Name lautet Amphora aus Jade. Auch ihre Schwester ist berühmt um ihrer Schönheit willen im Reich der Unsterblichen. Können die Geschöpfe der Alltagswelt nur einen Hauch von diesem Glanz fassen? – Und dennoch ist es schade, dass Ihr Eure Gattin nicht länger behalten durftet; ein Jahr mehr, und Eurer ganzen Familie wäre die Unsterblichkeit zuteilgeworden! Doch, wie so viele, viele andere, legt Ihr mehr Wert auf Reichtum als auf Unsterblichkeit! Das ist auch der Grund, warum sie Euch am Ende dieses kostbare Kästchen geschenkt hat. Ja, sie kannte Euch gut, glaubt es mir!« –

# Der verlorene Schatz

In der letzten Epoche der Mingdynastie, unter Kaiser Wan-li, wurde Korea von den Japanern angegriffen und überflutet. Der König von Korea bat China um Waffenhilfe, die ihm sofort gewährt wurde. Die Geldmittel, die für das chinesische Expeditionsheer aufgebracht werden mussten, waren so gewaltig, dass die Regierung zu außergewöhnlichen Maßnahmen schreiten musste. Im Zuge der Bemühungen um die Ausrüstung der Armee wurde die Verfügung getroffen, dass die Kandidaten, die an den Kaiserlichen Universitäten von Peking und Nanking studieren wollten, von nun an keine Aufnahmeprüfung abzulegen, sondern eine gewisse Summe zu bezahlen hätten. Auf einen Schlag erhöhte sich die Zahl der Studierenden an beiden Hochschulen um viele Tausende. Unter der Schar der Neuaufgenommenen befand sich Li Chia, ein Jüngling aus Chekiang. Sein Übername lautete Yü-hsien. Er stammte aus gutem Hause und war von drei Brüdern der älteste. Seit vielen Jahren hatte er sich vergeblich auf das Baccalaureat vorbereitet. Nun war es ihm gelungen, sich an der Universität Peking zu inskribieren, zusammen mit einem Landsmann, namens Liu Yütsuan. Die beiden jungen Leute besuchten gemeinsam den Stadtteil der Singmädchen. Beide verliebten sich bis über die Ohren in Tu Wei, eine reizende Kurtisane. In ihrem Frauenhaus wurde sie Tu, die Zehnte genannt, weil sie als das zehnte Kind ihrer Familie die Welt erblickt hatte.

Sie war nicht älter als neunzehn Jahre, schön und von seltener Anmut. Junge Aristokraten und viele Millionäre hatten sich schon ihretwegen ins Unglück gestürzt. Der junge Li, wohlerzogen und aufmerksam, in allen Künsten der Galanterie erfahren, war ihr mit der ganzen Kraft seiner Leidenschaft verfallen. Die Sängerin blieb für seine Werbungen nicht unempfindlich. Empört und voll Abscheu über die schamlose Gier der Männer, die ohne Hemmung und Takt ihre Stellung als Kurtisane ausbeuteten, hegte sie seit Langem den Traum, ihrem unwürdigen Dasein durch eine Heirat zu entrinnen. Sie erkannte in Li sofort den anständigen Menschen und wollte ihn heiraten. Er aber zögerte noch; denn er fürchtete heftigen Widerstand vonseiten seines Vaters. Die Zweifel und die bohrenden Sorgen stachelten die Leidenschaft der beiden Liebenden noch mehr. Immer wieder erneuerten sie in schmerzlich-süßer Hingabe ihre feierlichen Treueschwüre.

Während der ersten Zeit, da die junge Sängerin sich ausschließlich dem jungen Studenten widmete, fand die Inhaberin des Freudenhauses nichts daran auszusetzen. Solange der Verliebte schrankenlos sein Geld verschwendete, empfing sie ihn mit offenen Armen. Monat um Monat zerrann auf diese Weise. Am Ende des Jahres war die Börse des jungen Mannes zusammengeschrumpft, und von diesem Augenblick an zeigte ihm die Alte ihre kalte Schulter. Zum Überfluss vernahm sie, dass Li nicht mehr in seine Heimat zu fahren wagte; denn der alte

Herr war über den Lebenswandel des Sohnes empört. Tu, die Zehnte empfand echte Zuneigung für ihren Geliebten. Je tiefer er in seinen Schwierigkeiten versank, umso höher schlug ihr Herz für ihn. Mehr als einmal legte die »Hausmutter« ihr nahe, »diesem ruinierten Kunden den Laufpass zu geben«. Sie aber weigerte sich standhaft. Nun hielt die Alte mit ihren Schmähworten nicht mehr zurück:

»Man ist eben was man ist. In unserem Gewerbe lebt man von den Kunden; die alten Liebhaber werden davongejagt, um Platz zu schaffen für die neuen. Was tut aber die Zehnte? Seitdem der junge Li um sie scharwenzelt, empfängt sie weder neue Verehrer, noch pflegt sie die alten Beziehungen!«

Dem Mädchen riss die Geduld und sie antwortete:

»Herr Li ist nicht mit leeren Händen gekommen; Riesensummen hat er ausgegeben.«

»Damals ist nicht heute, mein Töchterchen! Wo sind denn die paar Goldstücke, wenn er noch welche hat? Jede andere Hausmutter erzieht ihre Mädchen so, dass sie mit einem goldblättrigen Baum zu vergleichen sind, den man nur zu schütteln braucht, um mit Reichtum zugedeckt zu werden. Ich habe kein Glück mit dir; ich dulde langmütig deine Verrücktheit, den armen Jungen behalten zu wollen. Du tust es aus reiner Laune, du kleiner Schalk. Sag ihm, wenn du willst, dass er dich mit einigen Unzen Silbers loskauft, und macht, dass ihr fortkommt! – Ich finde bald einen Ersatz für dich. Dann sind wir quitt, du und ich.«

»Meint Ihr es ehrlich, Mutter?«, fragte die Zehnte.

Die Alte wusste genau, dass Li Chia keine einzige Sapeke mehr besaß, und antwortete ohne Zögern:

»Deine alte Mutter lügt nie.«

»Wie viel verlangt Ihr?«

»Von einem andern würde ich mindestens tausend Unzen verlangen. Er dauert mich aber, dein armer Schatz; so verlange ich nur dreihundert Unzen, zahlbar innert drei Tagen. Wenn er das Geld in dieser Zeit nicht aufbringen kann, dann jage ich ihn mit Stockschlägen aus dem Haus. Er ist also gewarnt!«

»Obgleich er keine Mittel mehr hat, vermag Herr Li noch dreihundert Unzen zu bezahlen. Doch die Frist von drei Tagen erscheint mir allzu knapp. Könntet Ihr ihm nicht zehn Tage gewähren?«

Die alte Frau zweifelte nicht daran, dass Li Chia niemals zahlen könne.

»Gut«, sagte sie, »dir zuliebe gewähre ich ihm zehn Tage.«

»Wenn er das Geld nach zehn Tagen nicht gefunden hat, dann wagt er es gewiss nicht mehr, zu mir zu kommen«, seufzte die Zehnte. »Aber wenn er es findet, dann werdet Ihr den Handel bereuen. Davor fürchte ich mich.«

»Ich wäre ja schlimmer als Hund und Schwein, wenn ich es bereute!«, schwor die Alte, nicht aus Überzeugung, sondern aus Eitelkeit.

Nachts, auf dem gemeinsamen Kopfkissen, flüsterte die Zehnte ihrem Geliebten ins Ohr, was sie mit der »Mutter« ausgemacht hatte.

»Schon längst hegte ich diesen Gedanken«, sagte der Jüngling. »Doch mein Geldbeutel ist leer. Was tun?«

»Hast du keine Verwandten oder Freunde, die dir beispringen würden? Ach, versuche es, dich aus diesem Missgeschick herauszugraben. Denke daran, dass ich dann fürs ganze Leben dir allein gehöre und dass wir beide vor den Quälereien dieser alten Hexe Ruhe haben!«

»Meine Verwandten und meine Freunde wollen mich nicht mehr sehen. Sie regen sich über mein schlechtes Betragen im Hause der Freude auf. Es gibt aber einen Weg. Morgen gehe ich zu ihnen und bitte sie um einen Vorschuss für meine Reisespesen. Ich sage ihnen, dass ich die Stadt verlassen will. Vielleicht kann ich so die Summe zusammentrommeln. – Deine Bitten und Ermahnungen sind nicht mehr nötig«, fügte er noch hinzu, weil ihm das Mädchen weiterhin flehend ins Ohr schluchzte.

Am nächsten Morgen schritt er zur Ausführung seines Planes. Er machte die Runde bei seinen Freunden, um Abschied zu nehmen. Wenn er aber das Thema des Geldes anschnitt, antworteten ihm alle mit dem gleichen Tonfall:

»Leider, leider kann ich nicht helfen! Ich sitze selbst in Schwierigkeiten, glaubt es mir!«

So ging es drei Tage lang. Li Chia rannte vergeblich von Haus zu Haus. Er bekam keine einzige Sapeke. Unverrichteter Dinge zu seiner Freundin zurückkehren zu müssen, dünkte ihn demütigend. Er besaß kein anderes Asyl als den Pavillon des Singmädchens; darum bat er um Obdach bei seinem Freund Liu Yü-tsuan. Dieser erschrak über sein schlechtes Aussehen und fragte ihn nach der Ursache seines Kummers. Li Chia gestand dem Freund seinen verzweifelten Vorsatz, Tu die Zehnte zu heiraten.

»Das ist ja unmöglich!«, sagte Liu mit erhobenem Kinn. »Tu Wei ist ein berühmtes Singmädchen. Wie könnte da die Alte von Euch nur dreihundert Unzen verlangen? Das ist nichts als ein schnöder Vorwand, Euch vor die Tür zu setzen. Wenn Ihr wirklich nach Hause fahren wollt, so könnte man Euch sicher noch ein paar Unzen für Eure Reisespesen vorstrecken. Aber dreihundert! Sagt nicht zehn Tage, sagt zehn Monate! Auch dann werdet Ihr sie nicht zusammenbringen. Nach meiner bescheidenen Meinung ist es höchste Zeit, dass all dies aufhört!«

»Ihr habt vollständig recht, mein bester Bruder«, sagte Li Chia; aber er dachte das Gegenteil. Sein Herz zog sich im Krampf zusammen bei dem Gedanken, seiner schönen Geliebten endgültig entsagen zu sollen. Er setzte seine Versuche fort und ging von Tür zu Tür, wie der Zufall ihn leitete. Abends schlich er in die Herberge, wo sein Freund Liu wohnte. So vergingen noch drei Tage. Auch Tu die Zehnte war von großer Unruhe ergriffen; denn sie hatte ihren Geliebten seit sechs Tagen nicht mehr gesehen. Insgeheim sandte sie Hsiu-êrh, den kleinen Diener des Hauses, den durch die Straßen irrenden Li zu finden; der Kleine heftete sich an seine Fersen, um ihn nicht mehr aus den Augen zu lassen.

Trotz seiner Scham und seiner Reue dachte Li in den geheimsten Kammern des Herzens an seine Geliebte. Er ließ sich durch die Gassen treiben, bis er vor dem Pavillon des Singmädchens stand. Als er sie sah, verschlug es ihm die Stimme. Die Zehnte erkundigte sich, wie weit die Sache gediehen sei; doch der Jüngling brach in Tränen aus.

»Waren deine Freunde nicht so großzügig, dir dreihundert Unzen zu leihen?«, fragte sie ihn.

»Seit sechs Tagen springe ich ohne Pause umher, ich habe nicht eine einzige Unze aufgetrieben … Ich schäme mich, meine süße Freundin wiederzusehen, und dieses Haus macht mir Angst. Ich danke dir, dass du mich gesucht hast! Ich bitte dich tausendmal um Verzeihung.«

»Die Alte darf dich nicht hören«, flüsterte die Zehnte. »Bleib heute Nacht bei mir; ich muss dich sprechen.«

Sie bereitete ein kleines Abendessen vor. Die Liebenden speisten in aller Heimlichkeit; sie sahen sich in die Augen, von Sehnsucht zerrissen. Auf dem gemeinsamen Kissen ruhend, ließen sie die Stunden verglühen. Um Mitternacht sagte die Zehnte zu Li:

»Was sagst du von meinem schweren Schicksal, da du nicht in der Lage bist, die Summe aufzubringen?«

Li brachte kein Wort über die Lippen und kämpfte schweigend mit seinen Tränen. Bald begann der Morgen zu dämmern. Die Zehnte unterbrach das lastende Schweigen mit den Worten:

»Höre, Li! – In meine Pelzdecke ist eine Handvoll Münzen eingenäht, im Wert von etwa hundertfünfzig Unzen. Es sind meine heimlichen Ersparnisse. Nimm sie! Du musst jetzt nur noch die andere Hälfte aufbringen. Das wird viel leichter sein für dich. In vier Tagen ist die Frist abgelaufen, denk daran!«

Li Chia ging sofort zu seinem Freunde und teilte ihm das Geheimnis des Mädchens mit. Die beiden Freunde schnitten das Futter der Decke auf und fanden wirklich das Geld. Das Gewicht des Silbers betrug genau hundertfünfzig Unzen.

»Aber diese Frau ist wahrhaft großherzig«, rief Liu Yütsuan. »Eines so ehrlichen Gefühls muss man sich würdig erzeigen.«

»Ja, könnt Ihr mir vielleicht helfen, dieser Hochherzigkeit würdig zu sein, mein guter Bruder?«

Liu sagte ja. Er behielt Li Chia bei sich, während er selber überall Besuche machte mit der Absicht, Geld aufzunehmen. Am Abend des zweiten Tages war das notwendige Silber beisammen. Er überreichte es Li Chia mit dem Ausspruch:

»Nicht für Euch habe ich mir diese Mühe gegeben. Ich tat es um dieses Frauenherzens willen.« –

Li Chia überbordete vor Dankesworten und rannte mit dem Geld zu seinem Mädchen.

Als die Zehnte von der Großmut des Freundes Li gehört hatte, legte sie die Hand an ihre Stirn und beglückwünschte sich:

»Dank der wundervollen Mühe dieses Herrn sind wir endlich am Ziel unserer Wünsche.«

Die beiden Liebenden verbrachten die Nacht im Taumel der Freude. Am nächsten Morgen, in aller Frühe, erlosch die Frist von zehn Tagen. Die Zehnte sprang aus dem Bett, als es tagte, und steckte Li Chia noch zwanzig Unzen zu:

»Heute musst du mein Lösegeld bezahlen; nachher komme ich sogleich mit dir. Diese zwanzig Unzen sind für die Reise!«

Kaum hatte sie diese Worte ausgesprochen, als die Alte an die Tür pochte und kreischend ausrief:

»Kleine Wei, heute ist die Frist verstrichen!«

Ohne Zögern öffnete der junge Mann:

»Schönen Dank für Eure Liebenswürdigkeit. Gerade wollte ich zu Euch gehen.«

Und zur großen Überraschung der alten Frau legte er die dreihundert Unzen voll und ganz auf den Tisch. Es folgte ein langes Schweigen. Das Gesicht der Alten wurde fahl. Sie versuchte nun, ihre Entscheidung zu widerrufen; die Zehnte aber schnitt ihr das Wort ab. Sie bannte die Alte mit einem strengen Blick und sagte:

»Seit Jahren bin ich bei Euch. Das Geld und die Seide, die ich für Euch verdient habe, sind viele tausend Goldstücke wert. Hier liegen nun die dreihundert Unzen, die Ihr für meine Freilassung gefordert habt, die ganze Summe ist da, kein Stücklein fehlt, und auch die Frist wurde eingehalten. Wenn Ihr uns noch Schwierigkeiten machen wollt, zieht Herr Li das Geld zurück und ich nehme mir auf der Stelle das Leben. Dann ist es für die Reue zu spät! Habt Ihr mich verstanden?«

»Wenn wir schon so weit sind, dann ist es unnütz, dich zurückzuhalten«, fauchte die Alte. »Geh auf der Stelle, lass mich in Frieden! Bilde dir aber nicht ein, du könntest ein einziges deiner Kleider oder nur den kleinsten deiner Schminktöpfe und Augenbrauenstifte mitnehmen!«

Nach dieser Rede stieß sie den Studenten und das Singmädchen ins Freie. Dies geschah im neunten, im Chrysanthemen-Monat. Die Zehnte, kaum dem Bett entstiegen, hatte keine Zeit mehr, sich anzuziehen. Sie trug nichts anderes als ein Hauskleid von leichtem, durchsichtigem Gewebe.

Höflich grüßte sie die alte Frau und ging mit dem Studenten ins Gewirr der Straße.

»Ich will eine kleine Sänfte mit Trägern für dich holen«, sagte Li Chia. »Zuerst gehen wir zu meinem Freund Liu und sehen dann, was wir tun können.«

»In den Pavillons dieses Quartiers wohnen meine Freundinnen«, antwortete die Zehnte. »Sie waren immer sehr gut zu mir. Sie haben mir auch die zwanzig Unzen für die Reise gegeben. Ich möchte von ihnen Abschied nehmen.«

Sie zog ihren Freund zuerst zu einem Singmädchen, das Hsieh Yü-lang hieß. Zusammen mit Hsü Su-su gehörte sie zu den intimsten Kameradinnen der Zehnten. Beim Anblick der Freundin, die im Negligé vor ihr stand, zeigte Hsieh größtes Erstaunen. Sie erkundigte sich, was dem jungen Paar widerfahren sei. Die Zehnte erzählte ihr den Auftritt, den sie beide mit der »Mutter« erlebt hatten, und fügte hinzu, an Li Chia sich wendend:

»Diese Schwester ist es, die uns das Reisegeld geschenkt hat.«

Der junge Mann dankte ihr mit gekreuzten Händen. Sie lud die Zehnte ein, bei ihr Toilette zu machen und ließ Hsü Su-su rufen. Als dieses Mädchen kam, war die Zehnte schon angezogen. Die beiden Busenfreundinnen aber holten Schmuckstücke aus Gold und Jade hervor, dazu gestickte Seidengewänder, um die Zehnte von Kopf bis Fuß wie eine Neuvermählte auszustatten. Sie ließen Speisen und Wein bringen und tranken auf das Wohl des jungen Liebespaares. Schließlich stellte Hsieh ihnen noch ihr Zimmer zur Verfügung für die kommende Nacht.

Am nächsten Morgen fand ein festliches Gelage statt zur Feier dieser glücklichen Verbindung. Die Singmädchen des Quartiers, alle mit der Zehnten mehr oder weniger befreundet, waren eingeladen. Sie tafelten, tranken und lachten ohne Ende und priesen den Triumph der Liebe. Die Mädchen sangen und tanzten zur Musik der Flöten und der Lauten. Jede der Sängerinnen spendete das Beste ihres Talentes. Spät in der Nacht erhob sich die Zehnte und hielt eine Ansprache des Dankes. Die Mädchen flüsterten untereinander:

»Die Zehnte war immer die Schönste bei den galanten Festen. Nun geht sie fort, für immer, mit dem Mann ihrer Wahl ... Wann ist die Abreise? Wir alle wollen dabei sein.«

»Ich werde Euch verständigen«, sagte Hsieh Yü-lang, »sobald der Tag festgesetzt ist. Unsere Schwester Tu und ihr Mann verreisen so überstürzt, dass sie für ihre lange Fahrt nichts anderes besitzen als einige abgenützte Koffer. Wir müssen daran denken und dürfen unsere Schwester nicht in Schwierigkeiten sitzen lassen.«

Alle anderen Singmädchen stimmten diesem großzügigen Vorschlag zu und trennten sich in vollster Harmonie.

Die Zehnte und Li Chia weilten noch eine Nacht im Zimmer der Freundin Hsieh. Als sie allein waren, fragte Tu den jungen Mann:

»Wo werden wir uns in der Zukunft niederlassen?«

»Mein alter Vater ist böse auf mich. Er wird uns sicher keinen schönen Empfang bereiten. Ich dachte schon lange über alles nach, konnte aber noch keine glückliche Lösung finden.«

»Vater und Sohn müssen durch eine tiefe Zuneigung verbunden bleiben. Dein Vater wird gewiss nicht so hartherzig sein, dich für immer aus dem Haus zu jagen. Wenn du ihn nicht vor den Kopf stoßen willst, dann lass mich für einige Zeit nach Su-chou oder Hang-chao gehen. Unterdessen suchst du deine Familie auf, tust alles, um dich mit deinem Vater zu versöhnen, mithilfe deiner Freunde und Verwandten, die sich für dich ins Mittel legen werden. Dann kommst du und holst mich zu dir. So, glaube ich, droht mir keine Gefahr, wenn ich dein Haus betrete.«

Li Chia stimmte diesem Plan zu.

In der Frühe verließen sie Hsieh Yü-lang und besuchten den Studenten Liu. Die Zehnte verneigte sich vor ihm bis zum Boden und sagte:

»Wir stehen tief in Eurer Schuld. Eines Tages werden wir Eure Hilfe vergelten dürfen, wie es Euch gebührt.«

Liu gab ihr den Gruß zurück mit den Worten:

»Wenn Ihr einen Menschen mit ganzem Herzen liebt, dann schreckt Euch keine Drohung, nicht einmal das Gespenst des Elends. Ihr seid eine Heldin unter den Frauen. Die Kleinigkeit, die ich beitrug, Euch zu helfen, verdient es nicht, erwähnt zu werden.«

Die drei Freunde zechten und plauderten vertraulich während des ganzen Tages. Nun setzten sie den Tag der Abreise fest und mieteten Sänften mit Trägern. Zuletzt sandte die Zehnte eine Abschiedsbotschaft an Hsieh Yü-lang.

Am Morgen der Abreise strömten viele Sänften mit ihren Trägern zusammen. Darin saßen Hsieh Yü-lang und

Hsü Su-su, die mit ihren Kameradinnen herbeieilten, um dem Liebespaar Lebewohl zu sagen.

»Wir alle haben unser Scherflein beigetragen, um Euch dieses kleine Geschenk zu machen«, sagte Hsieh und übergab der Zehnten ein mit Goldfarbe zart bemaltes, fest verschlossenes Kästchen. Was mochte dieser kleine Koffer wohl enthalten? Die Zehnte nahm es ruhig in Empfang, ohne es zu öffnen, und spendete den Geberinnen einige Dankesworte.

Alles war nun vorbereitet, und die Träger drängten zum Aufbruch. Liu Yü-tsuan folgte in der Schar der Singmädchen dem Zug der Reisenden bis zum Ende der großen Stadt. Dort trennten sie sich. Das junge Paar, der Freund und das Mädchen vergossen heiße Tränen.

Nach vielen Stunden erreichten die Liebenden den Fluss Lu. Dort mussten sie die Träger entlassen und ein Schiff besteigen. In diesem Augenblick hatte Li Chia seine letzte Unze ausgegeben und verzehrte sich vor Angst. Die Zehnte beruhigte ihn:

»Du musst dich nicht aufregen, mein Freund, die Geschenke meiner Schwestern werden uns sicher weiterhelfen.«

Sie nahm den Schlüssel, öffnete das Kästchen und fand darin einen Beutel von roter Seide. Sie reichte ihn dem Freunde und bat ihn, den Beutel zu öffnen. Fünfzig Silberunzen lagen darin! – Sie verschloss das Kästchen wieder, ohne Nachschau zu halten, was etwa noch darin verborgen sein könnte. Dann sagte sie:

»Diese Geschenke gestatten uns nicht nur eine bequeme und sorgenfreie Reise, sondern auch ein herrliches

Verweilen in den großartigen Landschaften von Su-chou und Hang-chao.«

Li Chia fiel ein Stein vom Herzen.

Nach einigen Tagen gelangten sie ins Land Kuatschau, wo die Ströme zusammenfließen. Sie wechselten das Schiff, wie ihr Reiseplan es forderte. Vor der Weiterreise verweilten sie auf dem Fluss. Es war an einem Abend des frühen Winters, groß strahlte der bleiche Mond auf die Wellen. Li Chia sagte seiner Geliebten:

»Seit unserm Abschied von der Hauptstadt sind wir immer beisammen, sei es im gleichen Wagen, sei es auf dem gleichen Schiff. Lass uns nun nach Herzenslust trinken, um unser Unglück von damals zu vergessen.«

»Gerade das dachte ich auch«, lächelte die junge Frau. »Wir beide empfinden immer denselben Wunsch im gleichen Augenblick.«

Sie ließen sich im Vorderschiff Wein bringen. Auf der Brücke eng beisammen sitzend, tranken sie Schale um Schale, bis sie beinahe berauscht waren. Li Chia rief aus:

»Wie lange ist es her, seit ich zum letzten Mal die Stimme meiner geliebten Tu gehört habe! Sieh, es schimmert der Mond, ruhig ist der Fluss und grenzenlose Stille hüllt die tiefe Nacht ein. Willst du für mich ein Lied singen?«

Und die Zehnte öffnete ihren herrlichen Mund, sie sang das Lied »Vom kleinen roten Pfirsich«.

Da geschah es, dass auf dem Nachbarschiff ein junger Mann die Brücke betrat; er hieß Hsüan Fu und stammte aus Yang-chou. Er war sehr reich, Besitzer von Salzbergwerken und vielen Millionen Unzen. Mit seinen zwanzig

Jahren studierte auch er in Peking. Von der unwiderstehlichen Stimme der Sängerin angezogen, beugte er sich vor, um zum anderen Schiff hinüberzuspähen. Alles aber war in die Stille zurückgesunken. Er schickte einen Diener mit dem Auftrag, sich zu erkundigen, und erfuhr, dass das andere Schiff von einem jungen Herrn Li gemietet worden sei, niemand aber konnte Auskunft geben über die Sängerin.

»Dieses Lied wurde sicher nicht von einem Mädchen aus gutem Hause gesungen«, murmelte Hsüan vor sich hin. »Wenn ich diese Frau nur ein einziges Mal sehen könnte.«

Auf sein Lager zurückgekehrt, vermochte er keinen Schlaf mehr zu finden. Ungefähr um die Zeit der fünften Nachtwache erhob sich ein Wind, der sich über dem Fluss zu dumpfem Heulen steigerte. Am Morgen zogen sich finstere Wolken zusammen, und ein Schneesturm verdunkelte den Horizont. Bei diesem schroffen Witterungswechsel weigerten sich die Schiffer, die Anker zu lichten. Hsüan Fu befahl, sein Schiff an das benachbarte heranzubringen und es dort festzuseilen.

Eine Zobelmütze auf dem Kopfe und einen Fuchsmantel um die Schultern, schaute der reiche Passagier durch die Luke und tat so, als ob er die Schneeflocken betrachtete. In diesem Augenblick beendete Tu die Zehnte auf ihrem Schiff die Morgentoilette. Sie hob den kleinen Vorhang ihrer Luke ein wenig hoch, um ein Wasserbecken auszuschütten. Hsüan Fu erblickte ein reizendes, zart gepudertes Gesicht, nur eine Sekunde lang; denn sofort sank der Vorhang wieder. Hsüan Fu sagte sich, dass diese Frau von ungewöhnlicher Schönheit sein müsse und suchte irgendeinen Vorwand, den Mann zu sich herüberzulocken. Er beugte sich über den Rand der Luke und begann zwei Verse eines klassischen Dichters zu trällern:

»Der Schnee liegt auf den Bergen, gleich dem weisen
Manne, der gelassen ruht.
Der Mond glänzt im Gezweig wie eine wunderschöne
Frau, die langsam wandelt.«

Li Chia wunderte sich, wer da singe, und streckte den Kopf durch die Luke. Nun sah Hsüan Fu, dass seine List gelang, und beeilte sich zu rufen, die Hand zum Himmel erhebend:

»Wie ist Euer ehrwürdiger Name, mein alter Bruder?«

Li Chia stellte sich vor und verlangte auch den Namen seines Partners zu erfahren, wie es üblich ist. Die beiden Reisenden vertieften sich sofort in ein Gespräch, das immer vertraulicher wurde. Dann machte Hsüan seinem neuen Freund einen Vorschlag:

»Der Schneesturm hält unsere Schiffe zurück. Das ist ein Fingerzeig des Himmels, denn er will die Festigung unsrer Freundschaft! Wie langweilig ist es an Bord! Ich schlage vor, dass wir aussteigen und in ein Kabarett gehen, eine Tasse Wein zu trinken. Dort könnte ich Euren geistvollen Reden besser zuhören. Nehmt doch meinen Vorschlag an!«

»Wie dürfte ich Euch bemühen, nach so kurzer Bekanntschaft?«, antwortete Li Chia.

»Macht nicht so viel Umstände, ich bitte Euch. ›Im Umkreis der vier Meere sind alle Menschen Brüder‹, glaubt es mir.«

Hsüan Fu gab den Schiffern Befehl, den Steg niederzulassen und dem jungen Diener den Auftrag, Li Chia mit dem Schirm in der Hand abzuholen. Auf der Brücke grüßten sich die beiden Freunde tief und stiegen zusammen aus.

Nicht weit von den ankernden Schiffen lag ein Weinpavillon. Im ersten Stock setzten sich die Freunde ans Fenster. Der Kellner brachte Speisen und Wein. Hsüan Fu nötigte seinen Genossen, Tasse um Tasse zu leeren. So tranken sie schweigsam und schauten dem Tanz der Schneeflocken zu. Zuerst bewegte sich die Unterhaltung im Rahmen des Alltäglichen, später sprang sie auf gesellschaftliche Themen über und endete schließlich bei Anekdoten des Alkovens und des Bettes. Beide waren nicht arm an persönlichen Abenteuern. Indem sie ihre Geheimnisse gegenseitig preisgaben, wurden sie bald intimer als jahrelange Freunde.

Da fand es Hsüan Fu an der Zeit, die Diener wegzuschicken und fragte seinen Zechgenossen mit gedämpfter Stimme:

»Wer ist denn die Dame, die gestern so schön gesungen?«

Li Chia ergriff die Gelegenheit, sein Glück in der Liebe glänzen zu lassen und verbarg seinem neuen Freunde nichts:

»Es ist die berühmte Kurtisane der Hauptstadt, Tu die Zehnte.«

»Die berühmte Kurtisane? – Ja, warum folgte sie Euch hierher?«

Li Chia erzählte nun sein Erlebnis mit der Zehnten bis in alle Einzelheiten.

Da machte Hsüan Fu die trockene Bemerkung:

»Es ist zweifelsohne ein Hochgenuss, mit einer solchen Schönheit zu reisen. Aber Eure ehrenwerte Familie, wird sie das alles zulassen?«

»Oh, das wird zu Hause kein böses Blut erregen. Ich fürchte nur meinen strengen Vater. Ich muss nachdenken, was zu tun ist.«

Hsüan Fu stellte fest, dass er Boden gewann und steckte das Ziel seiner Angriffe weiter:

»Gesetzt den Fall, dass Euer ehrenwerter Vater diese Frau nicht sehen will, wo gedenkt Ihr sie unterzubringen? Habt Ihr mit Eurem Liebchen schon darüber gesprochen?«

»Wir haben alles überlegt. Sie möchte zuerst in Suchou oder Hang-chao wohnen, wo es warm und schön ist. Ich bitte inzwischen meine Verwandten und Freunde, meinen Vater gnädig zu stimmen. Wenn sein Zorn verraucht ist, wird er mir gestatten, die Zehnte in sein Haus zu führen. Was meint Ihr zu diesem Plan?«

Hsüan Fu zögerte lange. Endlich legte er sein Gesicht in erkünstelte Kummerfalten und sagte:

»Da ich das Glück Eurer Bekanntschaft erst so kurze Zeit genieße, stehe ich Euch wohl kaum genügend nahe, um offen reden zu dürfen.«

»Seid nicht so verschlossen, ich zähle auf Eure Meinung«, antwortete Li Chia vertrauensvoll.

»Euer ehrenwerter Vater hat Euch schon zu viele Vorwürfe gemacht über Eure frivolen Sitten, als dass er Euch die Ehe mit einer Dame der Halbwelt gestatten könnte. Und Eure Freunde und Verwandten! Wie dürften sie es wagen, nicht auf der Seite Eures Vaters zu stehen? Sie werden Euch ihre Hilfe verweigern. Und wenn sich durch Zufall jemand findet, der ein Wörtlein zu Euern Gunsten sagt, dann müsste er schweigen nach der ersten Einrede Eures Vaters. Eure Lage wird sehr heikel werden, zwischen einem Vater, der Euch verabscheut, und einer Mätresse, die ihr nicht zufriedenstellen könnt. Mit einer schönen Frau spazieren zu fahren am Ufer der Ströme, am Fuß der Berge ist entzückend; aber kann dies dauern? – Und wenn Eure Geldmittel erschöpft sind, was tut ihr nachher?«

Li Chia dachte daran, dass ihm von den fünfzig Unzen kaum die Hälfte blieb und dass er nicht wusste, wie diese Reise weitergehen solle.

»Eure Worte sind klug«, sagte er kleinlaut.

Nun fühlte sich Hsüan Fu in seinem Element:

»Ich könnte Euch noch mehr sagen, ganz im Vertrauen; aber würdet ihr mich anhören …?«

»Ich bin sehr empfänglich für Eure Freundlichkeit, sagt mir alles!«

»Die Diskretion zieht den Vertraulichkeiten Schranken, sogar bei den besten Freunden. Ich will jetzt lieber schweigen.«

»Bitte, schämt Euch nicht, redet!«

»Ihrem Wesen gemäß sind alle Frauen wankelmütig. Und die Frauen der Halbwelt sind sozusagen unfähig eines echten Gefühls. Nachdem Euer Liebchen eine begehrte Dirne in Peking war, besitzt sie vielleicht Freunde im Süden, die sie wiedersehen will. Nun gedenkt sie ihre Absicht zu verwirklichen, indem sie sich Euer bedient, der sie bis hierher gebracht hat …«

»Das ist ausgeschlossen!«, stammelte Li.

»Zugegeben. Wisst ihr aber nicht, dass die Männer des Südens bekannt sind für ihre Hemmungslosigkeit? Wenn ihr Euern Schatz ganz allein lasset, dann werdet ihr die peinlichsten Überraschungen erleben. Ebenso wenig könnt ihr diese Frau sofort zu Eurem Vater bringen, ohne Euch den schlimmsten Zornausbrüchen auszusetzen. So sehe ich keinen Ausweg. Unter keiner Bedingung darf das geheiligte Band zwischen Vater und Sohn zerrissen werden. Wenn ihr jedoch Euren ehrenwerten Vater schonungslos erzürnt wegen eines Freudenmädchens, wenn ihr Eure Familie um einer solchen Frau willen verleugnet, dann wird jedermann sich von Euch abwenden! Zwischen Himmel und Erde wird es keinen Platz mehr geben für Euch! Darum müsst ihr alles schon jetzt reiflich erwägen.«

Diese Worte warfen Li Chia in die größte Bestürzung. Er rückte näher zu seinem Versucher hin und fragte:

»Was soll ich tun, mein Freund?«

»Zwar wüsste ich einen Plan, der Euch aus der Schlinge zöge. Unglücklicherweise werdet ihr mich nicht anhören, weil ihr – wie soll ich es sagen – allzu sehr von den süßen Erinnerungen an die Freuden der Bettdecke und des Kopfkissens betört seid. Vergeblich ermüde ich meine Zunge für Euch …«

»Kennt ihr wirklich ein Mittel, das mir die Beglückung des heimatlichen Gartens wiederzugeben vermag, so dürft ihr alles aussprechen.«

»Offensichtlich ist Euer Vater wütend auf Euch, besonders wegen der verrückten Geldverschwendung, die ihr während Eurer Pekinger Bummelzeit verschuldet habt. Er sieht in Euch einen lasterhaften Mann, der unfähig ist, sein Erbe anzutreten, weil er ja doch das Geld zum Fenster hinauswerfen wird. – Ich aber biete Euch die Gelegenheit, alles gutzumachen: Gebt mir Eure Bettgefährtin und ich lege Euch tausend Unzen auf den Tisch! – Mit diesem Geld tretet ihr vor Euren Vater hin mit der Behauptung, dass ihr in Peking Privatstunden gegeben und Ersparnisse gemacht habt. Er wird nicht daran zweifeln; denn das Geld spricht eine deutliche Sprache. Auf diesem Weg verwandelt ihr ein Unglück in Glück. Was meint ihr dazu?«

»Euer genialer Einfall steckt mir ein Licht auf«, sagte Li Chia. »Weil jedoch meine bescheidene Geliebte tausend Li mit mir zusammen gereist ist, mahnt mich der gesunde Menschenverstand, dass ich sie nicht Knall auf Fall verlassen darf. Ich will ihr mit aller Schonung diese Dinge vorschlagen. Sollte es mir gelingen, sie zu Eurem Plan zu bekehren, dann mache ich Euch sofort ein Zeichen.«

»Selbstverständlich müsst ihr sanft vorgehen. Will sie aber nur Euer Glück, dann wird sie der Versöhnung zwischen Euch und Eurem Vater nicht im Wege stehen.«

Noch lange tranken die beiden Männer zusammen. Es wurde dunkel. Der Wind verstummte und der Schnee hörte auf zu fallen. Hsüan Fu bezahlte die Rechnung. Jeder ging schweigsam auf sein Schiff. –

Während des ganzen Tages war die Zehnte allein an Bord. Sie wartete in Geduld. Zuerst bereitete sie Wein und eine leichte Mahlzeit, damit sie mit ihrem Geliebten nach seiner Rückkehr speisen könne. Doch die Stunden des Wartens wurden länger und länger. Sie blieb beim Licht ihres Lampions sitzen, ohne ein Glied zu rühren.

Als Li Chia in die Kabine trat, erhob sie sich schnell. Auf den ersten Blick gewahrte sie den übermüdeten Ausdruck im Gesicht des Mannes. Sie wollte ihn aufheitern und reichte ihm eine Tasse heißen Weines. Er aber hob den Kopf und stieß die Schale weg. Wortlos setzte er sich aufs Bett.

Voll Bedauern räumte die Zehnte den Tisch ab; dann half sie dem Freunde beim Auskleiden. Neben ihm auf dem Kopfkissen liegend fragte sie:

»Was ist dir heute widerfahren, dass du so traurig bist?«

Der Mann seufzte und schwieg. In dieser Nacht fragte sie ihn noch drei- oder viermal nach seinem Kummer. Li Chia blieb stumm. Um Mitternacht stöhnte er tief. Da fragte ihn das Mädchen noch einmal, dringend, beschwörend:

»Was verbirgst du mir, Freund?«

Er stützte sich auf die Ellenbogen, die Decke rutschte über seine Knie. Mehrmals öffnete er den Mund zum Reden; kein Wort jedoch verließ seine Lippen. Der Mut schien ihm zu fehlen. Zuletzt quollen die Tränen unaufhaltsam über seine Backen. Das Mädchen nahm den Jüngling in ihre Arme, streichelte ihn, tröstete ihn mit unsagbarer Zarthcit.

»Seit zwei Jahren lieben wir uns von ganzem Herzen«, flüsterte sie. »Und durch tausend Mühen und Nöte sind wir gemeinsam geschritten, bis wir uns endlich in der Freiheit angehören durften. Die Reise war lang, nie habe ich dich traurig gesehen; jetzt stehen wir kurz vor der Fahrt über den großen Fluss, ein neues Leben, von der Sonne lieblichster Freude überglänzt, öffnet sich uns, ein Leben voll Schönheit und Lachen, das nimmer endet, das hundert Jahre währt. Warum dieser Kummer? Er muss gewiss eine Ursache haben. Zwischen Eheleuten ist Leben und Tod gemeinsames Los. Was gibt es in der Welt, das du mir nicht offen mitteilen könntest?«

Li Chia vermochte den zärtlichen und werbenden Bitten seiner Geliebten nicht mehr zu widerstehen und ergriff nun, Tränen in den Augen, das Wort:

»Ich bin nichts als ein armer Lump, während du mich überschüttest mit deiner Güte! Du hast dich nicht geweigert, mir in den schwersten Lebenskrisen zu folgen, deine Hingebung für mich ist ohne Grenzen. Dennoch, je mehr ich nachdenke, umso angstvoller sehe ich der Strenge meines Vaters entgegen. Ich glaube, dass er uns beide davonjagen wird. Wie mag dann unser Umherstrolchen enden? Um meine Zukunft wäre es geschehen. Heute hat Hsüan Fu mit mir getrunken und mir eindringlich über diese Fragen ins Gewissen geredet. Davon ist mein Herz gebrochen.«

Dieser Bericht erschreckte die junge Frau.

»Was gedenkst du zu tun?«, fragte sie.

»Ich sitze mitten in diesen Problemen, darum sehe ich nicht klar. Mein Freund Hsüan Fu hat allerdings einen glänzenden Plan gefunden … Ich fürchte aber, dass du ihn verwirfst.«

»Wenn sein Gedanke wirklich gut ist, warum sollte ich ihn nicht bejahen?«

»Hsüan ist ein schwerreicher Salzhändler in seinem Land Hsingan«, fuhr Li Chia fort. »Er ist jung, elegant – und – und er möchte dich heiraten um den Preis von tausend Unzen! Mit dieser Summe in der Hand könnte ich meinem Vater furchtlos gegenübertreten, und auch du wärest aller Sorgen ledig. Doch mein Herz findet nicht den Mut, sich von dir zu trennen. Ich bin verzweifelt, untröstlich!«

Ein neuer Tränenstrom sprang aus seinen Augen. Die Zehnte aber, mit einem schnellen, herben Ruck, zog die Arme hinweg, die bis jetzt den Hals des Mannes umschlungen, und voll eines feinen, ironischen Lachens erklärte sie dem Weinenden:

»Der diesen bewunderungswürdigen Plan ausgeheckt hat, ist wahrhaftig ein großer Mann! So hast du das Gold und er, er hat die Schöne. Und ich werde einem anderen Mann gehören … Das wird dich auch von einem störenden Gepäckstück befreien. Fantastisch! ›Es gibt Menschen, die mit der Leidenschaft beginnen und mit der Zucht des Alltags enden!‹ Dieser Satz des K'ung-fu-tze weist uns beiden den besten Ausweg! Ja, aber wo sind die tausend Unzen?«

»Ich habe es nicht gewagt, sie anzunehmen, ehe ich deiner Einwilligung sicher war.«

»Nimm sie morgen an, beeile dich! Man darf eine solche Gelegenheit nicht entwischen lassen! Immerhin, tausend Unzen sind beinah' ein Vermögen; ich geh' erst dann zu diesem Mann aufs Schiff, wenn er die Summe bis auf die letzte Sapeke bezahlt hat. Lass dich von diesem Salzhändler nur nicht ködern!«

Dies geschah zur Zeit der vierten Nachtwache, schon graute der Morgen. Die Zehnte erhob sich, begann langsam sich anzukleiden. Und sie sagte, als spräche sie zu sich selber:

»Meine Toilette für diesen Tag ist nicht vergleichbar mit meinen Vorbereitungen für alle die andern Tage; ich kleide und schminke mich wie eine Frau, die einen Ehemaligen entlässt und einen Neuen empfängt!«

Mit peinlicher Sorgfalt und feinster Kunst legte sie Schminke auf, puderte sich, versprühte duftende Essenzen über Schultern und Arme. Dann zog sie ihr gesticktes Gewand an, steckte Nadeln hinein, die mit Perlmutter verziert waren. Schon stieg die Sonne hoch am Himmel empor, als die Zehnte von ihrem Schminktischchen aufstand. Sie schimmerte in unaussprechlicher Schönheit.

Aus den Augenwinkeln beobachtete sie den Mann und war betroffen, dass er beinahe fröhlich dreinschaute. So drängte sie ihn, Hsüan Fu ihre Antwort zu überbringen und auf dem schnellsten Wege das versprochene Geld zu holen. Li Chia ging also auf das Schiff des Salzhändlers. Dieser erklärte ihm, dass das Geld ohne Schwierigkeiten ausbezahlt werden könne; es sei aber nötig, vorher das Schminkkästchen der schönen Frau als Pfand zu bringen. Die Zehnte wies mit dem Finger auf das goldverzierte Schränklein.

»Trag es hinüber«, sagte sie.

Entzückt und überzeugt vom baldigen Kommen der schönen Frau zählte Hsüan Fu tausend Unzen in die Hände des jungen Mannes. Die Zehnte ließ die Silberstücke wägen. Dann stützte sie sich mit der einen Hand aufs Fenstersims und mit der anderen winkte sie Hsüan Fu. Der Salzhändler fiel in Ekstase, wie vor der göttergleichen Inkarnation der Schönheit selber. Die Zehnte rief ihm zu:

»Bringt mir bitte noch einmal das Schränkchen! Ich muss einen Reisepass herausnehmen, der Herrn Li gehört.«

Hsüan befahl seinen Leuten, das Köfferchen auf den Bug seines Schiffes zu tragen. Die Zehnte öffnete es mit dem Schlüssel. Acht Schubladen kamen zum Vorschein. Die erste war angefüllt mit Juwelen aller Art: Federn aus Smaragd, Tropfen aus Kristall, Broschen und Nadeln aus Jade und Gold. Dieser Schmuck war viele Hundert Unzen wert. Die Zehnte riss die Schublade heraus und warf den ganzen Inhalt ins Wasser, zum großen Erstaunen des Li Chia, des Hsüan Fu und der anderen Zuschauer auf dem Schiff und am Ufer.

Sie forderte Li auf, die zweite Schublade zu öffnen. Es lagen Flöten aus Gold und Jade darin. Die dritte enthielt köstliche alte Schriften, im Wert von mehreren Tausend Unzen. Dies alles schüttete die Zehnte in die Fluten. Aus der letzten Schublade nahm sie nun ein kleines Kästchen. Eine große Perle lag darin, die auch im Dunkel leuchtete. Um die Perle reihten sich verschiedene Edelsteine, deren Name niemand kannte, deren Wert jedoch unschätzbar war. Die Zehnte begann, auch diese Kostbarkeiten in den Fluss zu werfen; Li Chia aber, der seine bittere Reue nicht mehr beherrschen konnte, umschlang die junge Frau unter wildem Schluchzen.

Hsüan Fu näherte sich den beiden und versuchte sie zu trösten. In diesem Augenblick reckte sich die Zehnte auf, stieß Li Chia zurück und schrie dem Salzhändler mit furchtbarer Heftigkeit ins Gesicht:

»Herr Li und ich hatten die schwersten Hindernisse zu überwinden, damit wir uns endlich in der Freiheit vereinigen durften. Ihr aber, aus dem Urgrund Eurer Niedertracht und Eurer ekelhaften Gier, verbrecherisch in eurer Gesinnung des Wüstlings, Ihr, Ihr hieltet Euch für fähig und berufen, die zarten Bande unserer großen Liebe zu zerreißen mit Eurer dämonischen Geschicklichkeit?! Ihr seid mein Widersacher, mein Todfeind! Und wenn meine Seele noch wirken und handeln kann nach meinem Tod, dann werde ich Klage gegen Euch emportragen zu dem Thron der Götter! Seid Ihr so wahnsinnig, dass Ihr noch die Genüsse des Bettes und des Kopfkissens an meiner Seite zu erwarten wagt?«

Zu Li Chia sich umwendend sprach sie mit fliegendem Atem:

»In all den vergangenen Jahren, in denen ich ein Leben voll von Staub und Windstößen gelebt habe, gelang es mir, ein kleines Vermögen zu ersparen, mit der brennenden Hoffnung, einmal mein Dasein zu sichern, erlöst von der Sklaverei, in der Freiheit! Dann, ja dann bin ich dir begegnet. Ich habe dich geliebt. Ach, wohin sind unsere Treueschwüre verweht? – Erinnerst du dich? Bei unserer Abreise aus Peking nahm ich als Geschenk diesen kleinen

Koffer in Empfang, angefüllt mit Schmuck im Wert von vielen Tausend Unzen. Ich wollte diese Schätze deiner Familie anbieten, in der Hoffnung, dass ich so das Mitgefühl und das Wohlwollen deines Vaters gewinne. Nachher hätte mich nichts mehr schrecken können, nicht das Leben, nicht der Tod.

»Doch du, Li Chia«, klagte die Unglückliche, »du hegtest geringeres Vertrauen zu mir als zum Ratschlag eines Fremden, du zögerst nicht, mich auf halbem Wege zu verlassen, ohne meiner Gefühle zu achten. Mit Absicht habe ich dich damals aufgefordert, das Kästchen selber zu öffnen, damit ich dir beweisen konnte, dass ein paar Unzen Geld nicht so seltene Dinge sind! Es mangelte meinem Eigentum weder an Gold noch an Jade; wo blieben denn deine Augen, dass du nichts bemerkt hast?«

Herzzerreißendes Weinen schüttelte die Verzweifelte:

»Wehe, wie furchtbar ist mein Los! Kaum war ich gerettet aus einem würdelosen Dasein, da werde ich wieder in den Schlamm getreten. Ihr alle, Ihr Zuschauer auf dem Schiff und an den Ufern, Ihr habt Augen und Ohren, so seid denn meine Zeugen! Nicht ich habe diesen Mann verraten; er ist es, der mich verraten hat!«

Laut bedauerten die Zuschauer das Schicksal der jungen Frau, die zitternd an der Reling stand. Und alle beschimpften Li Chia mit den Worten:

»Taugenichts! – Ungetreuer! – Gottloser!«

Von Scham und Gewissensbissen halb erwürgt, raufte sich Li Chia die Haare. Er warf sich vor der Zehnten auf die Knie und flehte sie um Verzeihung an. Sie aber riss mit beiden Händen den kleinen Schmuckkasten an sich, sprang auf die Brüstung und stürzte sich über Bord. Alle rannten herbei, um sie zurückzuhalten. Schon aber war jede Spur der Unglücklichen in den steil aufschäumenden Wogen verschwunden.

Die Zuschauer kochten vor Empörung und Verachtung, sie schickten sich an, die beiden Freunde zu verprügeln und sie dem Gericht zu übergeben. Entsetzt ließen Li Chia und Hsüan Fu die Anker lichten. Beide Schiffe ergriffen die Flucht.

Auf seinem Schiff saß Li Chia allein vor den tausend Unzen, dem Einzigen, was ihm geblieben. Er hörte nicht auf zu jammern und zu klagen über den Tod seiner wunderschönen Geliebten. Tag und Nacht folterten ihn die Angst und die Schläge des bösen Gewissens. Nicht lange dauerte es, bis er in Wahnsinn versank. Sein Leben zerrann in geistiger Nacht.

Hsüan Fu, der in eine andere Richtung entflohen war, fiel am gleichen Tag in schwere Krankheit. So sehr hatte ihn die Tragödie erschüttert. Er litt während eines ganzen Monats. Jedes Mal, wenn er die Augen schloss, erblickte er Tu die Zehnte in ihrer leidenschaftlichen Schönheit, wie sie ihm die tödlichen Vorwürfe entgegenschleuderte. Am dreißigsten Tag starb er vor Erschöpfung.

»Die Strafe des Himmels ist vollendet«, sagten die Menschen.

# Die unverhoffte Hochzeit des Ts'ên Tsin

Der See von T'ai-hu, dreißig Li südöstlich von Hsiuhsien gelegen, umfasst eine Wasserfläche von sechsunddreißigtausend Ch'ing*. Seine sanften Ufer erstrecken sich in einer Länge von fünfhundert Li. Inmitten dieses Riesensees ragen zweiundsiebzig gebirgige Inseln empor. Die beiden größten heißen Berg Tong-ting des Ostens und Berg Tong-ting des Westens.

Unsere Geschichte spielt auf dem Berg Tong-ting des Westens. Dort wohnte einmal ein reicher Mann namens K'ao-tsan. Seine Gemahlin, aus der Familie der Chin stammend, hatte ihm zwei Kinder geschenkt: Piao, einen Knaben, und dessen um zwei Jahre ältere Schwester Ts'ui-fang. Ein Hauslehrer bemühte sich um die Erziehung dieser beiden Kinder. In ganz jungen Jahren schon zeichnete sich Ts'ui-fang durch ihre hohe Begabung aus. Im Alter von sieben bis zwölf Jahren eignete sie sich mühelos die Grundlagen der klassischen Bildung an: Philosophie, Ethik, Literatur. Ihre Aufsätze und ihre Kalligrafie erregten allgemeine Bewunderung. Bald verließ sie das Schulzimmer der Familie und wandte sich einem ganz anderen Zweig der Bildung zu: Sie schloss sich jeden Tag in ihren Gemächern ein, mit feiner Näharbeit

* Ein Li ist etwa 600 Meter lang, ein Ch'ing besitzt den Umfang von beinahe sechs Hektar.

und Kunststickerei beschäftigt. Vom sechzehnten Jahr an erblühte sie zu unvergleichlicher Schönheit; weit und breit konnte sich kein Mädchen mit ihrer Anmut messen. K'ao-tsan war so stolz auf seine Tochter, dass er mit dem Gedanken spielte, als Schwiegersohn nur einen Gelehrten von unerhörten Gaben des Geistes und des Leibes anzunehmen, ohne Rücksicht auf Güter oder Geld. Vergeblich bewarben sich um die Hand von Fräulein Ts'ui reiche und mächtige Familien. Keiner der vorgestellten Freier vermochte die Eitelkeit des Vaters K'ao zu befriedigen.

Zu dieser Zeit lebte im Regierungsbezirk Hu-sien ein Bakkalaureus namens Ts'ên Tsin, der einzige Sprössling einer berühmten Gelehrtenfamilie. Ts'ên, ein schöner und hochgebildeter Jüngling, war seit Kindesbeinen Waise und besaß gar kein Vermögen. Seine Eltern hatten ihm nur so viel hinterlassen, dass er mit Mühe und Not leben und einen alten treuen Diener unterhalten konnte. Herr und Knecht darbten, aber eine gegenseitige Zuneigung verband die beiden Hausgenossen. Wegen seiner beschränkten Mittel konnte der junge Mann niemals ans Heiraten denken. Den einzigen Trost fand er in seiner sehr früh abgelegten, und glänzend bestandenen Maturitätsprüfung.

Ts'ên besaß einen Vetter, Yen Tsun, der im selben Distrikt wohnte. Yen Tsun war sehr reich. Eines Tages verwirklichte er den großzügigen Einfall, den armen Verwandten in sein Haus aufzunehmen und ihn am Unterricht seines eigenen Lehrers teilnehmen zu lassen. Yen zählte damals achtzehn Jahre, nur drei Monate mehr als Ts'ên. Auch sein Vater starb früh, Yen lebte unter der Autorität seiner alten Mutter. Trotz seines Reichtums war auch er noch nicht verheiratet*. Yen hatte sich nämlich geschworen, nur eine große Schönheit heimzuführen. Dieser Anspruch wirkte auf alle mehr als ungewöhnlich; denn der junge Mann zeichnete sich durch eine mitleiderregende Hässlichkeit aus. Dennoch bildete er sich ein, unwiderstehlich zu sein. Ohne Bildung und Geschmack zu haben, spielte er gerne den Besserwisser. Ts'ên konnte ihn nicht ausstehen. Da er aber von ihm abhängig war, musste er den frechen Vetter ertragen und bei jeder Gelegenheit hinter ihm zurückstehen. Nach außen hin lebten die beiden Vettern, der schöne und der hässliche, in gutem Einvernehmen.

In den ersten Tagen des zehnten Monats kam ein entfernter Verwandter des »schönen Yen«, wie man ihn spaßeshalber nannte, auf Besuch. Der Ankömmling hieß Yüch Jen und war seines Zeichens Fruchthändler. Von Natur listig und gewandt, verstand es der Händler, sein Geschäft mit dem Gelde Yens in Schwung zu bringen. Nun kam er gerade von einer Geschäftsreise am Großen See zurück, wo er eine gewaltige Menge von Apfelsinen aufgekauft hatte. Höflicherweise schenkte er seinem Wohltäter eine hochgefüllte Platte von diesen schimmernden Früchten. Der Gastgeber und der Besucher plauderten einträchtig zusammen. Der Händler erzählte

* In China herrscht die Tradition, dass die Männer mit dreißig, die Mädchen mit zwanzig Jahren heiraten; aber jedes Jahrhundert hat andere Sitten.

Einzelheiten von seiner Fahrt und sprach zufällig von einer wunderhübschen Tochter auf Tong-ting im Westen, vor deren Heirat unerfüllbare Bedingungen gesetzt seien. Diese Mitteilung ließ das Herz des jungen Yen höher schlagen und trieb ihn zu ernsthaften Erwägungen an.

Als der Händler fortgegangen war, stürzte sich Yen so heftig in Heiratspläne, dass er darüber zu schlafen vergaß. Am frühen Morgen sprang er aus dem Bett, machte hastig Toilette und rannte zu Yüch Jen. Dieser empfing ihn mit der gewohnten Dienstfertigkeit. Er nötigte Yen auf den Ehrenplatz und erkundigte sich nach der Ursache dieses unvorhergesehenen und ehrenvollen Besuches.

»Ich ersuche Euch, mir eine Gefälligkeit zu erweisen«, sagte Yen Tsun. »Wollt Ihr mein Heiratsvermittler sein?«

»Habt Ihr eine gute Partie in Aussicht?«

»Ja. Es handelt sich um das Mädchen, von dem Ihr mir gestern vorgeschwärmt habt. Sie selbst und ihre Verhältnisse entsprechen ganz meinen Vorstellungen. Bitte, helft mir den Weg zu ihrer Familie bahnen!«

Nur mit Mühe hielt Yüch einen Lachkrampf zurück und antwortete höflich:

»Entschuldigt meine Offenheit! – Jede andere Familie würde meine Vermittlung freudig begrüßen. Aber der Vater K'ao! – Da wäre es wohl besser, wenn Ihr einen anderen Heiratsboten schicktet!«

»Wollt Ihr ausweichen, mein alter Bruder?«

»Wie dürfte ich es wagen? – Der Vater K'ao aber ist ein Original. Mit einem solchen Sonderling muss man vorsichtig umgehen. Ich fürchte, dass …«

»Kurz gesagt, Ihr weigert Euch? Gut, dann werde ich mich an andere Leute wenden«, sagte Yen gereizt und erhob sich schnell.

Der Händler hatte nicht die Gewohnheit, Herrn Yen zu widersprechen, umso weniger, als er finanziell von ihm abhängig war. Die schlechte Laune des jungen Herrn machte ihn unruhig und er spürte, dass er gegen die Regeln der Höflichkeit aufs Schwerste verstieß. Darum versuchte er einzulenken.

»Noch ein wenig Geduld!«, begütigte der Händler. »Setzt Euch wieder hin und lasst uns überlegen!«

»Entweder nehmt Ihr meinen Vorschlag an oder nicht! Das ist ganz einfach. Hier gibt es nichts zu überlegen!«

»O, es liegt nicht in meiner Absicht, Euch Schwierigkeiten zu bereiten«, begann der Händler vorsichtig. »Ihr müsst Euch jedoch klar sein über eines: Während die anderen Leute vor der Verlobung die Tochter sehen wollen, hält es der Vater K'ao gerade umgekehrt. Ganz gegen jede Regel will er den *Mann* vorher sehen. Und es ist nötig, dass der Vater K'ao mit dem Bewerber zufrieden ist, ehe er ihm die Hand seiner schönen Tochter gewährt. Seht Ihr nicht ein, wie schwierig dieses Unternehmen ist? Nur aus diesem Grunde zögere ich …«

Yen warf sich in die Brust und antwortete:

»Ist das Eure einzige Sorge? Nun, da könnt Ihr beruhigt sein! Ich sehe keine Hindernisse. Mit dem Gesicht, das der Himmel gnädig mir verliehen hat, mit meinem Körperbau, an dem kein verkrüppeltes Glied zu beweinen ist, glaube ich, die väterliche Prüfung ohne Furcht bestehen zu können.«

Da platzte Yüch Jen laut lachend heraus:

»Junger Herr, ich will Euch mit keinem Worte kränken, aber ich möchte lieber die Wahrheit sagen. Gewiss, Ihr seid nicht gerade hässlich zu nennen. Es gab jedoch einige Heiratskandidaten, die schöner waren als Ihr, und die die Hand des jungen Mädchens doch nicht gewinnen konnten. Es genügt, dass Ihr Euch einmal im Türrahmen dieser Familie aufstellt, um zu merken, wie schwer es ist, auf Eurem Vorsatz weiter zu beharren.«

»Ich habe keine Belehrungen nötig. Heute verlange ich von Euch nichts anderes, als den ersten Schritt zu tun. Ihr müsst rasch und zuversichtlich an diese Aufgabe herantreten. Es ist doch kein Kunststück, von meiner Person mit Vorsicht und Wohlwollen zu sprechen? – Dann sehen wir weiter.«

Der Händler nahm endlich diese delikate Aufgabe an. Zufrieden wandte sich Yen Tsun zur Tür und vergaß nicht, seinem Heiratsmakler noch die letzten Ermahnungen zu erteilen:

»Vor allem, tut Euer Bestes! – Hier sind zwanzig Taïl als Vorschuss auf die Belohnung, die Euch beim Erfolg Eurer Schritte winken wird.»

Dann gab er ihm noch ein anderes Silberstück für die Reisespesen. Yen schickte dem Händler auch einen Begleiter, den kleinen Li, der das ganze Vertrauen seines heiratslustigen Herrn besaß.

Am nächsten Morgen fuhren Yüch Jen und der kleine Li in einer raschen Barke nach Tong-ting im Westen. Sie ließen sich bei Herrn K'ao melden. Der Hausherr erkundigte sich nach dem Grund ihres Besuches und erfuhr, dass es sich um die Probleme der Heirat handle.

»Welche Familie bemüht sich um die Hand meiner Tochter?«, fragte der Greis.

»Der Freier ist ein Verwandter von mir«, antwortete der Händler. »Er wohnt im gleichen Distrikt wie ich. Als Erbe eines beträchtlichen Vermögens ist er Eures gesellschaftlichen Ranges würdig. Er heißt Yen Tsun und ist nicht älter als achtzehn Jahre. Doch heute schon glänzt er durch sein gründliches Wissen und seine literarische Begabung.«

»Wie sieht er denn aus?«, erkundigte sich Vater K'ao. »Meine Ansprüche darf ich wohl als bekannt voraussetzen. Ich möchte den Anbeter zuerst einmal sehen.«

Der Heiratsvermittler wusste sich überwacht von dem kleinen Li, der Vertrauensperson des Yen Tsun, und gab daher eine gewaltige Lüge zum Besten:

»An körperlichen Vorzügen lässt mein Verwandter nichts zu wünschen übrig. Er ist mehr als eine schöne Erscheinung … er ist vollkommen. Und darüber hinaus, welcher Gelehrte, welcher Meister des Stils! Wegen der Trauer um seinen Vater musste er mehrere Semester versäumen, sonst hätte er schon längst das erste Staatsexamen bestanden. Seine Lehrer sagen, dass ihm eine rasche und glänzende Gelehrtenlaufbahn offenstehe.«

Vater K'ao war begeistert.

»Wenn Euer erlauchter Verwandter wirklich so hohe Vorzüge des Geistes und des Körpers besitzt, dann ziehe ich seine Anfrage gerne in Erwägung. Ihr begreift es aber, dass ich ganz überzeugt sein muss und daher die Bekanntschaft des Herrn Yen Tsun machen will. Bewegt ihn bitte dazu, bald zu mir zu kommen. Wenn ich ihn gesehen habe, wird der gewünschten Verbindung von mir aus nichts im Wege stehen.«

»Es gibt tausend Mittel, die Wahrheit meiner Worte zu beweisen, verehrter Herr. Es ist aber nicht so leicht, meinen Verwandten bis hierher zu bitten. Yen gehört zu jenen fleißigen Studenten, die sich kaum das Vergnügen gönnen, ihre Bücher und das Arbeitszimmer zu verlassen. Es ist sehr schwer, ihm eine solche Reise einzureden. Setzen wir den Fall, dass er in seiner Bewerbung um die Hand Eurer Tochter nicht erfolgreich ist, welche Figur wird er zu Hause machen? – Nachdem er einen Korb bekommen hat?«

»Ja, wenn die Sachen so stehen, begebe *ich* mich eben in Eure Stadt. Ihr sorgt dafür, dass ich dem jungen Mann gleichsam durch Zufall begegne«, überlegte Vater K'ao.

Voller Furcht, der alte Herr könne in der Stadt von der legendären Hässlichkeit des Yen Tsun Wind bekommen, änderte der Heiratsvermittler seine Taktik und sagte schnell:

»O, ich werde mich nun trotzdem bemühen, ihn hierher zu bringen, da Ihr so großen Wert darauf legt. Dies wird Euch der Mühe entheben, eine so anstrengende Fahrt zu unternehmen.«

Mit diesen Worten empfahl sich der Besucher. Doch der Vater K'ao hielt ihn zurück, lud ihn zum Nachtessen und zum Übernachten ein. Am nächsten Morgen ließen sich Yüch und der kleine Li heimrudern. Ihr Herr erwartete sie mit Ungeduld. Kaum sah er sie auftauchen, da stürzte Yen Tsun ihnen entgegen.

»Ihr habt Euch sicher angestrengt! – Wie steht die Sache?«, schrie er.

Yüch Jen erzählte ihm haarklein die Unterredung mit dem Vater K'ao und rief aus:

»Was tun? Der Alte will Euch unbedingt sehen, bevor er vom Heiraten spricht!«

Der Händler wartete die Antwort seines Gönners gar nicht ab und eilte in seinen Laden. Yen Tsun fragte nun den kleinen Li aus. Dieser hielt die gleichen Reden wie der Händler. Yen Tsun legte die Stirn in krause Falten und suchte eine Ausflucht; denn er fühlte sich seiner männlichen Unwiderstehlichkeit nicht mehr ganz sicher. Endlich ging ihm ein Licht auf, und er rannte zu Yüch Jen.

»Ich habe einen fabelhaften Einfall«, krächzte er. »Leicht überwinden wir all' die aufgezählten Hindernisse. Ihr kennt ja meinen Vetter Ts'ên Tsin, der bei mir wohnt und mit mir studiert. Mir kommt es vor, als ob dieser Jüngling ein wenig hübscher sei als ich. Ich werde ihn bitten, über den See zu reisen und um die Hand des Fräulein K'ao anzuhalten, unter meinem Namen! Ts'ên Tsin wird ein prachtvoller Blickfänger sein für den alten Herrn. Sobald – natürlich unter meinem Namen – die Verlobung vertraglich festgesetzt ist, dürfen wir den Streich für gelungen halten.«

»Gewiss, wenn der Vater K'ao in der Person Eures Vetters den schmachtenden Liebhaber erblickt, wird alles klappen. Ich fürchte aber, dass Euer Vetter diese undankbare Rolle nicht gerne spielen möchte.«

»Ts'ên Tsin und ich sind nahe Verwandte und Busenfreunde; ich bin überzeugt, dass er mir diesen Dienst nicht weigern wird«, behauptete Yen Tsun.

Als es Abend wurde, lud Yen seinen Vetter zu einem üppigen Mahl mit mehreren Gängen ein. Im Schein der Kandelaber funkelte der Wein. Ts'ên Tsin fiel die festliche Bereitung dieses Mahles auf und er stellte die Frage:

»Warum verwöhnst du mich heute mit diesem Luxus, Yen Tsun?«

»Trink noch drei Tassen«, sagte der Gastgeber. »Dann sprechen wir von einer kleinen Angelegenheit, in der du mir helfen kannst.«

»Ich bin dir gerne behilflich, mein guter Bruder.«

Yen Tsun räusperte sich und begann:

»Unser alter Freund Yüch Jen, der Früchtehändler, bemüht sich augenblicklich, die Hand einer reizenden jungen Dame für mich zu gewinnen. Sie ist die Tochter eines Millionärs namens K'ao und wohnt auf dem westlichen Berge Tong-ting. Ich sandte also unsern Freund dorthin als Heiratsmakler. Nun hat er die Vorzüge meiner Wenigkeit etwas zu laut gepriesen. Der Vater K'ao ist so entzückt von dieser Beschreibung, dass er mich unbedingt sehen will. Ich fürchte den alten Mann zu enttäuschen; denn die Wirklichkeit vermag ja nie an das Fantasiebild heranzureichen, nicht wahr? – Vor allem nicht, wenn es in so glühenden Farben hingemalt worden ist, wie mein Freund es getan hat. Es ist klar, dass ich von der einfältigen Lobhudelei meines Freundes eingeschüchtert bin. Da es nun so weit gediehen und meine Heiratskandidatur angemeldet worden ist, muss ich das Ziel erreichen, so oder so; mein persönliches Ansehen und die Ehre meiner Familie stehen auf dem Spiel. Ich denke, du gehst an meiner Stelle unter meinem Namen nach Tong-ting. Wenn du Erfolg hast, dann werde ich dich mit Geschenken förmlich überschütten!«

Vor Überraschung blieb Ts'ên Tsin das Wort in der Kehle stecken. Nach langem Schweigen antwortete er langsam:

»Dieses Unternehmen scheint mir nicht durchführbar zu sein. Ich möchte dir lieber einen andern Dienst erweisen, mein alter Bruder. Ohne Zweifel könnte man die Familie K'ao für kurze Zeit hinters Licht führen; die Wahrheit wird dennoch bald durchdringen. Dann aber werden die schweren Folgen keinesfalls ausbleiben, weder für dich noch für mich.«

»Natürlich handelt es sich darum, den Alten für den Augenblick zu täuschen. Es genügt ja, dass die Wahrheit nach der Hochzeit an den Tag kommt. Geht es schief, dann wird nur der Heiratsvermittler daran schuld sein, dir wird kein Haar gekrümmt. Bedenke, das junge Mädchen und ihre Familie wohnen hundert Meilen von hier, niemand weiß etwas von uns. Also Mut!«

Ts'ên Tsin rutschte in größter Verlegenheit hin und her und sagte kein Wort.

»Komme, was wolle«, schrie Yen Tsun, »ich bin immer da, dich zu schützen! Warum diese Zweifel?«

Da stotterte Ts'ên Tsin:

»Vorausgesetzt, ich nehme an, glaubst du, dass ich mit diesen geflickten Fetzen, die ich auf dem Leibe trage, Eindruck machen werde?«

»Keine Sorge! Ich habe auch daran gedacht«, lachte Yen Tsun, dem ein Stein vom Herzen fiel.

In aller Frühe des nächsten Tages teilte Yen Tsun dem Fruchthändler seinen Entschluss mit. Yüch Jen erschrak vor dieser neuen Verantwortung, gab aber auch jetzt dem Drängen seines mächtigen Gläubigers nach.

Der falsche Freier wurde nun mit aller Sorgfalt ausgestattet. Auch der Heiratsmakler und das ganze Gefolge bekamen neue Gewänder. Das Schiff und alle Geräte, von den Segeln, Fahnen, Lampions bis zu den gestickten Kissen, zeugten von Luxus, von Überfluss. Viele Diener, der unentbehrliche kleine Li an der Spitze, ergänzten die Besatzung. Kurz vor der Abfahrt schärfte Yen Tsun dem kleinen Li noch ein, dass drüben in Tong-ting jedermann in seinem Vetter Ts'ên nicht nur einen gewöhnlichen Vertreter, sondern den wahren Herrn eines reichen Hauses sehen müsse.

Als die Reisenden den See überquert hatten, ließen sie sich bei der Familie K'ao melden, unter dem Namen des Herrn Yen Tsun. Unter den Ankömmlingen erkannten die Diener sogleich den kleinen Li, den Überbringer der Visitenkarte. Die Besucher wurden ohne Verzug in den großen Salon geführt. Ts'ên Tsin, in leuchtendem Gewand, ging an der Spitze. Ihm folgte der Händler auf dem Fuß. Kaum hatte Vater K'ao die auffallende Schönheit des falschen Yen Tsun bemerkt, als er ihm in Gedanken sogleich die Hand seiner Tochter gewährte.

Zuerst tauschten die beiden Männer die traditionellen Höflichkeiten aus. Dann bot der Vater K'ao dem falschen Yen Tsun den Ehrenplatz an. Dieser wollte ihn nicht annehmen, seine große Jugend vorschützend. Endlich nahmen der Herr des Hauses und die Gäste auf seitlich gelegenen Stühlen Platz. Yüch Jen begann mit Entschuldigungen wegen der ungewöhnlichen Störung, die er seit seinem ersten Besuch herbeigeführt habe.

»Im Gegenteil, Euer Besuch war nichts anderes als Liebenswürdigkeit«, beeilte sich Vater K'ao zu antworten, und mit einem Blick auf Ts'ên Tsin fragte er:

»Das ist also Euer Verwandter, der Herr Yen? Ich wollte Euch das letzte Mal nach seinem Übernamen fragen, vergaß es aber wieder.«

»Mein Verwandter trägt den Übernamen Pei-ya.«

»O, Eure schönen Namen sind durch Eure Persönlichkeit in jeder Weise gerechtfertigt«,* wandte sich Vater K'ao an den falschen Yen Tsun.

»Wie dürfte ich diese schmeichelhaften Worte annehmen«, entschuldigte sich verwirrt Ts'ên Tsin, der jedoch seine Rolle überzeugend spielte.

Der Vater K'ao bemerkte die Verwirrung und die Schamhaftigkeit des jungen Besuchers sofort und änderte das Thema, indem er ihn nach seinen Familienverhältnissen fragte. Der falsche Yen Tsun antwortete mit Bescheidenheit und Takt. Dies erfüllte den Vater K'ao mit Entzücken. Nachdem nun der junge Freier seine guten Manieren unter Beweis gestellt, ging der Greis an die Prüfung seines Wissens. Er ließ seinen Sohn und dessen Lehrer kommen und stellte die Ankömmlinge vor:

* In China trägt man in der Regel zwei oder mehrere Vornamen. Unter Fremden nennt man sich nur mit dem Übernamen. Name und Übername des Yen Tsun bedeuten Vornehmheit und Eleganz.

»Hier ist mein Sohn, hier ist Meister Ch'ên, sein Lehrer.«

Ts'ên Tsin war beeindruckt von dem reizvollen Gesicht des Knaben und sagte sich:

»Wie der Bruder, so die Schwester. Yen Tsun ist ein Glückspilz!«

Alle tranken Tee. Nach einer Weile sagte Vater K'ao zum Meister Ch'ên:

»Herr Yen ist ein vielversprechendes Talent, weithin bekannt in seiner Gegend.«

Der Lehrer merkte bald, dass Herr K'ao den jungen Freier auf sein Wissen prüfen lassen wollte und wandte sich an den falschen Yen Tsun:

»Eure Heimat, der Distrikt von Hu, war immer die Wiege bedeutender Geister; ich zweifle nicht daran, dass Ihr durch Eure Intelligenz der Tradition dieser Gegend würdig seid. Ihr kennt ohne Zweifel den Tempel der drei Tugendhaften Männer, eines der berühmtesten Denkmäler in Eurem Land? Könnt Ihr mir vielleicht in Erinnerung rufen, wer diese drei Männer gewesen sind?«

Ts'ên Tsin antwortete in einem Zug:

»Sie heißen Fang Li, Ch'an Han und Lu K'uei-mang.«

»Und worin lag ihre hohe Tugend?«, fuhr der Examinator fort.

Ts'ên Tsin entwarf nun das Bild und die Geschichte dieser drei großen Männer mit Methode und beredter Eindringlichkeit. Die Unterhaltung verweilte noch lange bei andern gelehrten Gegenständen. Die Antworten des jungen Ts'ên ließen nicht auf sich warten. Der Lehrer äußerte am Schluss seine Befriedigung über das Wissen des

Kandidaten. Es fehlte nicht viel, und Vater K'ao hätte einen Freudentanz aufgeführt. Er winkte seinen Dienern und befahl, ein besonders gepflegtes Festessen vorzubereiten.

Schon nahte Mitternacht und das Gelage, an dem viele Gäste teilnahmen, war noch nicht zu Ende. Yüch Jen und Ts'ên Tsin versuchten mehrmals, sich zurückzuziehen. Vergeblich; denn der Vater K'ao wollte seinen zukünftigen Schwiegersohn nicht so schnell gehen lassen. In seiner Freude hielt er ihn zurück und lud ihn für mehrere Tage ein. Ts'ên Tsin lehnte höflich aber entschieden ab. Im Augenblick der Abfahrt, als sich Ts'ên Tsin mit dem Meister Ch'ên unterhielt und ihm für seine »Belehrungen« dankte, zupfte Vater K'ao den Yüch Jen am Ärmel und zog ihn zur Seite.

»Ich bin mehr als zufrieden mit Eurem Verwandten Yen Pei-ya. Es ist beschlossen, die Verlobung findet statt. Darf ich auf Eure Mithilfe rechnen?«

»Mit dem größten Vergnügen«, rief der Heiratsvermittler aus.

Die Anker wurden gelichtet. Das Schiff hatte mit Gegenwind zu kämpfen. Darum erreichten die Reisenden ihren Bestimmungsort erst spät am nächsten Abend. Yen Tsun wartete auf sie, ganz allein bei einer brennenden Kerze sitzend. Er hörte den Bericht seiner Leute mit steigender Freude.

Nicht lange zögerte er mit den Vorbereitungen der Heirat. Er wollte Fräulein K'ao so rasch wie möglich heimführen, um allen Verwicklungen auszuweichen. Er wählte zum Tag der Hochzeitsfeier den dritten des zehnten Mondes. Vater K'ao fand nichts daran auszusetzen; denn die Mitgift seiner Tochter lag lange schon bereit. Er war von dem zukünftigen Gemahl seiner Tochter so begeistert, dass er ihn überall rühmte. Auch bestand er darauf, dass der Verlobte die Braut in ihrem Hause abholen müsse, entgegen den Bräuchen dieser Zeit. Denn der Greis wollte seinen außerordentlichen Schwiegersohn den Verwandten, Freunden und Nachbarn vorstellen, die zu einer großen Tafel zusammengerufen werden sollten.

Von der unvorhergesehenen Absicht des Vater K'ao unterrichtet, sprang Yüch Jen wie gestochen empor und alarmierte Yen Tsun.

»Gut«, antwortete Yen, »dann werde ich eben die Braut persönlich holen.«

Diese unbedachte Äußerung brachte den Händler außer sich. Er stampfte mit dem Fuß und schäumte:

»Aber sie haben ihn schon gesehen, ihren Schwiegersohn! Die ganze Familie K'ao hat ihn mit den Augen verschlungen, das letzte Mal. Glaubt Ihr, ein anderer könne nun die Tochter abholen? Glaubt Ihr, dass sie nichts merken werden? Geschieht ein peinlicher Zwischenfall, dann werde nicht nur ich, der Vermittler, vor aller Welt beschimpft und gedemütigt; Ihr vor allen Dingen werdet die Rechnung bezahlen müssen. Mit Euren Brautfahrten und Eheträumen wird es dann ein für alle Mal vorbei sein. Seid Ihr im Bilde?«

»Was tun, was tun?«, stammelte Yen Tsun entsetzt.

»Nach meiner bescheidenen Meinung gibt es nur *einen* Ausweg. Euch bleibt nichts übrig, als Euren Vetter noch einmal dorthin zu schicken. Wenn man die Leute an der Nase herumführen will, so muss man die Komödie zu Ende spielen. Die Hauptsache ist, dass die Braut ohne Zwischenfall bis zu Euch gebracht wird. Dann wird es nutzlos sein, Euch die Beute wieder entreißen zu wollen. Das Mädchen und der Vater werden Einspruch erheben, sie werden schreien und toben, zuletzt aber dem Unvermeidlichen sich beugen.«

Lange grübelte Yen Tsun darüber nach. Nun stand er auf und ging unvermittelt ins Studierzimmer seines Vetters.

»Der Tag der Hochzeit rückt heran. Man verlangt von mir, dass ich zu den K'aos reise, um die Braut persönlich abzuholen. Es ist besser, glaube ich, dass du noch einmal hingehst und das Mädchen für mich in Empfang nimmst. So erleichterst du mir die Sache, mein alter Bruder.«

»Dieses Mal ist es viel ernster«, sagte Ts'ên Tsin. »Die geplante Fahrt ist ein Teil der hochzeitlichen Zeremonie; wie könnte ich da an deiner Stelle stehen?«

»Du hast vollkommen recht, mein Bruder. Vergiss aber nicht, dass du schon einmal dort gewesen bist, und zwar unter meinem Namen. Es folgt daraus, dass ich unmöglich selber fahren kann, ohne die Familie K'ao in die größte Bestürzung zu versetzen. Wenn ein Zwischenfall eintritt, dann ist es Schluss für mich. Ich verliere alles, meinen Ruf und die Frau meiner Träume. Einen Prozess wird man führen und du wirst auf alle Fälle belastet sein. Andernfalls, wenn du noch einmal, nur dieses letzte Mal, zu den K'aos gehst, wird sich alles in Wohlgefallen auflösen. Bringst du es fertig, meiner heiklen, meiner verzweifelten Lage ungerührt zuzusehen?«

Von diesem pathetischen Anruf seines Vetters umgestimmt, blieb Ts'ên Tsin nichts anderes übrig, als den schwierigen Auftrag anzunehmen.

Am zweiten Tag des zehnten Mondes ließ Yen Tsun den ganzen Aufzug, der seine Braut abholen sollte, an sich vorbei defilieren. Er empfahl seinen Leuten strengste Verschwiegenheit. Nach Beendigung des Auftrages sollte jeder eine kräftige Belohnung erhalten. Yüch Jen beschäftigte sich mit dem Einpacken der tausend Geschenke für die Familie K'ao. Unterdessen wurde Ts'ên Tsin mit teuern und eleganten Gewändern angezogen. Nun hob eine Flotte von zwölf Schiffen die Anker. An der Spitze glitten zwei Luxusbarken, eine für die Braut, die andere für den Bräutigam und den Vermittler bestimmt. Zehn Schiffe von verschiedener Größe folgten den beiden Fahrzeugen. Alle Segel blähten sich im Wind, und über den See klangen die Schläge der Gongs und der Ton der Trompeten.

Eine halbe Meile vom Hause K'ao auf Tong-ting entfernt, ankerte die Flotte. Es dunkelte schon. Yüch Jen ging als Herold voraus. Der gesamte Zug folgte ihm; es kamen die Diener mit den Geschenken, den Fackeln, den Fahnen und zuletzt schwebte die Sänfte für die Braut herbei, im Innern mit Blumen geschmückt und mit kostbarem Riechwasser bespritzt.

In seiner eigenen Sänfte saß Ts'ên Tsin hinter einem Vorhang von blauer Seide. Schön und ernst wie eine Buddhastatue, entfesselte er auf seinem Weg das laute Beifallsklatschen der Zuschauer. Unterdessen schritt die Prozession weiter, beim Gesang der Flöten und beim Knallen der Petarden.

Das Haus K'ao war taghell erleuchtet. Die Familie der Braut wartete mit klopfendem Herzen im Schimmer der blumengeschmückten Kerzen.

Weit offen standen die Portale des Festsaales. Die Gäste strömten herbei. Unter dem Schall der Flöten und der Gongs trat der Bräutigam, von Ehrenknaben geleitet, vor den Opfertisch. Dort spendete er das Trankopfer zu Ehren der Götter und der Ahnen. Nun wurde er den Gästen vorgestellt, die sich mit wohlgefälligen Worten vor ihm verneigten.

Ts'ên Tsin saß auf dem Ehrenplatz, inmitten des in Purpur prangenden Saales. Die Verwandten, Freunde und Nachbarn tafelten im Halbkreis um den Tisch des ernsten, strahlenden Jünglings. Vater K'ao und sein Sohn füllten selber die Schalen der Gäste. Im Takt der Musik floss der Wein.

Mit leiser Melancholie nahm der Jüngling an diesem Rausch der Freude teil. So schnell wie die Musik in der weiten Nacht verhallen wird, so rasch wird diesem brennenden Fest der graue, müde Tag der Armut folgen.

Schon nahte die vierte Morgenstunde. Der kleine Li glitt zum Stuhl des Ts'ên Tsin und flüsterte ihm ins Ohr, dass er an den Aufbruch denken müsse. Trotz der Bitten des Vaters K'ao erhob sich der Bräutigam und gab dem kleinen Li Befehl, das Trinkgeld unter die Leute seines Gastgebers zu verteilen. Das ganze Gefolge des Bräutigams rüstete sich zur Abreise. Als der Jüngling in seine Sänfte steigen wollte, geschah etwas Seltsames. Ein Sturm von unerhörter Stärke erhob sich plötzlich und wehte die Gäste auseinander; die Fackeln loderten im Wind, viele erloschen. An eine Reise war nicht mehr zu denken. Der Heiratsmakler Yüch Jen rang die Hände vor Ungeduld und stampfte mit dem Fuß. Vater K'ao konnte nichts anderes tun, als den jungen Bräutigam zum Bleiben zu bewegen.

Zögernd kam das matte Licht des Tages; doch die finsteren Wolken ballten sich immer drohender. Nach dem Frühstück tobte ein Schneesturm. An diesem Tag war die Fahrt über den See unmöglich. Und dies war gerade der Tag der guten Vorzeichen für die Hochzeitsfeier. Niemand hätte es wagen dürfen, dieses Datum zu ändern, ohne die bösen Einwirkungen der kosmischen Mächte auf das Leben des jungen Paares herabzubeschwören. Vater K'ao verlor die Fassung und seufzte tief.

Unter den Gästen erhob sich nun ein alter Mann namens Ch'ê und ergriff das Wort:

»Ich glaube, dass ihr euch keineswegs aufzuregen braucht, trotz der ungünstigen Umstände.«

»Sagt mir eure hochgeschätzte Meinung mein Freund«, bat Vater K'ao.

»Die Hochzeit wurde festgesetzt auf den heutigen Tag. Der Bräutigam befindet sich zum Glück in unserer Mitte. Warum sollten wir die Hochzeit nicht stehenden Fußes feiern, in der Familie der Braut? – Sobald das junge Paar durch die Zeremonie verbunden ist, wird es zweifellos gerne hierbleiben und das Ende des Schneesturmes abwarten. Dann können die beiden Verliebten in Muße verreisen.«

»Ausgezeichnet!«, riefen die Gäste.

Der Vater setzte diesen Vorschlag sofort in die Tat um. Das Hochzeitszimmer wurde hergerichtet und alles Nötige für die Zeremonie vorbereitet. Ts'ên Tsin erbleichte. Er suchte überall den Heiratsmakler, um mit seiner Hilfe dem gefährlichen Angebot der Familie K'ao ausweichen zu können. Yüch Jen blieb unauffindbar. Übervoll des süßen Weines schnarchte er auf dem Teppich einer abgelegenen Kammer. Aus der heiklen Lage, in der er sich an diesem Abend befand, hatte er sich in den alles lösenden Wein geflüchtet. Ts'ên Tsin sah sich gezwungen, dem Vater K'ao allein gegenüberzustehen, der ohne Aufschub die Hochzeit zelebrieren wollte. Eifrig und qualvoll suchte Ts'ên Tsin nach einer einleuchtenden Ausrede für seine Weigerung.

»Die Eheschließung ist ein schwerwiegendes Ereignis in unserem Leben. Darum kann ich nicht anderswo heiraten als unter den Augen meiner Mutter«, stammelte er.

Vater K'ao hörte gar nicht hin, und der alte Nachbar unterbrach die Rede des Ts'ên Tsin mit folgender Belehrung:

»Schwiegervater und Schwiegersohn, das ist ja die gleiche Familie. Macht keine Umstände, junger Freund!«

Ts'ên Tsin war ratlos. Unter irgendeinem Vorwand verließ er den Festsaal. Heimlich zog er den kleinen Li in eine Ecke und beriet sich mit ihm. Trotz seiner gewohnten Schlauheit fand auch Li keinen Ausweg in dieser peinlichen Zuspitzung der Dinge. Er redete auf den unfreiwilligen Bräutigam ein, er müsse sich der Zeremonie um jeden Preis widersetzen.

»Hundert Mal habe ich meine Weigerung wiederholt. Wenn ich starrköpfig bleibe, wird sich in Herrn K'ao das

Misstrauen regen, dann wird er unsere Absichten erraten. Im Interesse deines Herrn muss ich den Vorschlag des Vaters K'ao annehmen. Ich schwöre dir, dass ich in keiner Weise die ehelichen Rechte deines Herrn antasten werde. Und wenn ich diesen Eid verletze, so mögen die Strafen des Himmels und der Erde auf meinen Scheitel niederdonnern!«

Ihr heimlicher Kriegsrat wurde jäh unterbrochen. Die Diener riefen Ts'ên Tsin zu Tisch.

Nach dem Mittagessen fand die Heiratszeremonie statt. Die jungen Leute knieten auf dem purpurnen Teppich und begrüßten sich als Gatten. Lieblich strahlte K'aos junge Tochter in Kopfschmuck und Schleier. Bleich verneigte sich Ts'ên Tsin, der schöne Phönix, vor ihr.

Dann brach der Abend dieses stürmischen Tages an. Noch einmal brannten die Kerzen im Festsaal, noch einmal erklang Musik und der Wein machte die Runde. Wenig später führte das alte Ehepaar K'ao die Jungvermählten in das Hochzeitszimmer. Die kleine Dienerin zog der schönen Ts'ui-fang das schwere Staatskleid aus und bat den jungen Ehemann, sich in das duftende und schimmernde Bett zu begeben. Der Neuvermählte rührte sich nicht von der Stelle. Enttäuscht wandte sich die Dienerin ihrer Herrin zu und geleitete sie als Erste ins Bett. Leise zog die Zofe sich zurück und schloss behutsam die Tür des ehelichen Zimmers.

Ts'ên Tsin nahm sich vor, die ganze Nacht sitzend zuzubringen; doch die Kerze begann zu flackern und erstarb bald im Dunkeln. Vor ihrem Erlöschen hatte der Jüngling noch das fragende Lächeln in den feuchtglänzenden Augen des schönen Mädchens gesehen. Er wagte es nicht, eine andere Kerze zu verlangen, tastete sich im Dunkeln zum Ehebett und legte sich auf dessen Rand, ohne sich zu entkleiden. So verharrte er die ganze Nacht. Die wehenden Wimpel, die im Wind lodernden Fackeln des Festes zogen wirr durch sein Blut, das an seine Schläfen pochte.

Am frühen Morgen erhob er sich schnell und richtete sich die Kleider in einem Nebenraum. Seine Schwiegereltern erblickten in seinem Verhalten nichts anderes als ein übersteigertes Schamgefühl, erklärbar aus seiner großen Jugend, und kümmerten sich nicht weiter darum.

Am zweiten Tag hörte es auf zu schneien, doch der Orkan tobte immer noch. Ts'ên Tsin trank sich mit Absicht einen Rausch an und strebte erst spät in der Nacht der ehelichen Kammer zu. Lange und vergeblich harrte die Jungvermählte des schönen Jünglings; dann ging sie ganz allein zu Bett. Auch in dieser Nacht legte sich Ts'ên Tsin an den Rand des Bettes, ohne sein Gewand abzustreifen.

Erst am dritten Tag verstummte der Orkan. Vater K'ao wollte das junge Paar trotzdem zurückhalten. Ts'ên Tsin traf mit Yüch Jen zusammen und versuchte ihn zu überzeugen, dass er in den beiden letzten Nächten die Kleider nicht gelockert habe. Yüch Jen schenkte ihm keinen Glauben und gab zu verstehen, dass er machtlos sei.

»Das Unabänderliche ist geschehen«, seufzte er.

Die liebliche Ts'ui-fang folgte ihrem Gatten verstohlen mit den Augen, wo immer er sich aufhielt. Sie be-

wunderte seine strahlende Erscheinung und beglückwünschte sich heimlich für die Wahl ihres Vaters. Eine unbestimmte Unruhe aber wob in ihren Gedanken. »Zwei Nächte lang wollte er den Gürtel seines Gewandes nicht lockern«, dachte sie. »Zürnt er mir, weil ich ihm nicht den Vortritt gelassen habe, weil ich vor ihm zu Bett gegangen bin? Meine kleinen Zofen müssen sich von nun an dienstfertiger um ihren jungen Gebieter kümmern.«

Nachts suchte Ts'ên Tsin zu später Stunde sein Zimmer auf. Zwei junge Dienerinnen erwarteten ihn. Sogleich machten sie sich an seinem Gewand zu schaffen, ohne seine Erlaubnis abzuwarten. Erschrocken warf er ihnen sein Käppchen entgegen und stürzte sich in die Kissen. Er drehte sich gegen die Wand, verharrte bewegungslos und ohne die geringste Absicht, sich auszuziehen. Im Tiefsten getroffen, von dem Gefühl grausamster Scham aufgewühlt, legte auch Ts'ui-fang sich in ihren Kleidern nieder. Vergeblich kämpfte sie mit ihren Tränen und wollte morgen das Leid ihrer so bitter verschmähten Liebe ihren Eltern klagen!

Blau strahlte der Himmel am nächsten Morgen. Das Ehepaar K'ao ließ es sich nicht nehmen, ihre Tochter bei der Überfahrt, zu begleiten. Mutter und Tochter bestiegen die erste Luxusbarke, Vater K'ao, sein Schwiegersohn und der Heiratsmakler nahmen in der anderen Platz. Alle Schiffe prangten in farbigen Laternen und unzähligen Blumengewinden. Während der Überfahrt erscholl die fröhliche Musik der Gongs, der Bambusflöten und der schimmernden Glöcklein.

Nur einer fehlte in diesem lärmenden Hochzeitszug. Der kleine Li hatte in aller Frühe eine schnelle Barke genommen, um seinen Herrn von der unerwarteten Entwicklung der Dinge zu unterrichten.

Auf der anderen Seite des Sees wartete Yen Tsun seit drei Tagen in glühender Ungeduld. Nicht ein einziger ruhiger Augenblick blieb ihm vergönnt. Als der Schneesturm hereinbrach, schwante ihm, dass peinliche Ereignisse im Anzug seien. »Sind sie schon unterwegs? Warten sie immer noch bei der Familie K'ao? – Warum zögern diese Leute eigentlich?«, fragte er sich fiebernd.

In der Nacht wusste er nicht mehr, auf welche Stelle des Kopfkissens er seinen heißen Kopf legen sollte. Am Tage rannte er hundert Mal an den Strand, um über den tobenden See zu spähen. Am vierten Tag endlich legte sich der Sturm. Aufatmend sagte er sich, dass er bald gute Nachrichten erhalten werde. Er wartete noch bis zum Nachmittag. Plötzlich stand der kleine Li vor ihm:

»Die Jungvermählte ist unterwegs«, sagte der Kleine und fügte rasch hinzu:

»Der Vater K'ao wollte die Hochzeit nicht aufschieben. Sie fand statt am festgesetzten Glückstag. An Eurer Stelle, hoher Herr, spielte Herr Ts'ên die Rolle des Ehemannes. Selbstverständlich …«

»Was sagst du da? – Willst du etwa behaupten, dass Ts›ên drei Nächte mit der jungen Person verbracht hat?«

»Ja, im selben Zimmer. Aber ich glaube, dass er Eure Braut nicht angerührt hat.«

»Wahnsinniger! – Nicht angerührt?! Du machst dich wohl lustig über mich – Warum tatest du nichts, um diese

Gemeinheit zu verhindern Du hast ihn bei diesem Streich wie ein Hund umwedelt, wie ich sehe!«

»Ich habe alles getan, ihn vom Äußersten zurückzuhalten! Wir alle mussten dem unverrückbaren Willen des Vaters K'ao weichen. Vor der Trauung schwor mir Herr Ts'ên einen Eid, dass er Euch nicht verraten werde …«

Aufgebracht versetzte Yen Tsun dem kleinen Li eine schallende Ohrfeige, sodass der Bursche in den Sand flog. Dann holte der vor Eifersucht Rasende einen Bambusstecken, stellte sich vor der Haustür auf, um Ts'ên Tsin mit Schlägen zu empfangen.

Die klingende Flotte legte an. Taktvoll beauftragte Ts'ên Tsin den Heiratsmakler, den Vater K'ao so lange zurückzuhalten, bis er selbst mit seinem Vetter das Missverständnis geklärt hätte. Mit dem Gefühl seines guten Gewissens schritt er auf seinen Vetter zu, ein Lächeln auf den Lippen. Dieses Lächeln erregte den Rasenden noch mehr. Mit erhobenen Stock und geballter Faust schleuderte Yen dem Ankömmling wilde Beleidigungen entgegen:

»Verräter! – Auswurf der Hölle! – Du wagtest es, mir meine Hochzeitsfreuden zu stehlen, während ich alles bezahlen musste?!«

Und ohne Ts'ên Tsin zu Wort kommen zu lassen, schlug er auf ihn ein. Entgeistert schauten die Diener diesem Überfall zu. Einem solchen Übermaß an Rohheit war Ts'ên Tsin nicht gewachsen und schrie um Hilfe. Da sprangen die Diener des Herrn K'ao, die bis jetzt in den Schiffen zurückgeblieben waren, herbei. Erstaunt sahen sie einen Menschen von abgründiger Hässlichkeit, der den jungen Ehemann prügelte. Ohne nach der Ursache zu forschen, suchten die Diener des Herrn K'ao den Angegriffenen von dem Raufbold zu trennen. Vater K'ao fragte in seiner Bestürzung nach der Ursache dieses Zwischenfalles. Als er die Wahrheit erfahren, stürzte er sich seinerseits auf den Heiratsmakler und schrie:

»Gauner der schlimmsten Sorte! – Du also hast alles eingefädelt, um mir mein Kind zu rauben!«

Der Greis verprügelte den Früchtehändler nach Noten. Dieser verteidigte sich rücksichtslos. Die Leute der Familie K'ao wollten alle auf den hässlichen Yen losstürzen; die Diener Yens aber fielen ihnen in den Arm. Sie glaubten, ihren Herrn unter allen Umständen verteidigen zu müssen. So entwickelte sich eine richtige Schlacht: Yen Tsun kämpfte gegen Ts'ên Tsin, der Vater K'ao gegen Yüch Jen, und das ganze Gesinde wälzte sich im Handgemenge. Die Straße füllte sich immer mehr mit Neugierigen, die die Kämpfenden höhnisch anfeuerten oder leidenschaftlich Partei nahmen. Ein glückliches Geschick fügte es, dass gerade der Unterpräfekt mit seinem Gefolge durch diese Straße ritt. Beim Anblick des Kampfes schrie er den Befehl, alle zu verhaften.

»Führt sie zur Wache!«

In der Furcht, mit diesem Zwischenfall verquickt zu werden, zerstreute die Menge sich unverzüglich. Auf dem Hafenplatz blieben nur noch Yen Tsun, der Ts'ên Tsin am Kragen gepackt hatte, und der Vater K'ao, der den Händler am Ärmel festhielt. Die vier Männer beklagten sich beim Unterpräfekten, der natürlich kein Wort von all dem verstand, was die Vier gleichzeitig hervorsprudelten. Er befahl, sie ins Amtsgebäude zu führen.

Von der Höhe seiner Tribüne verhörte der Magistrat zuerst den Vater K'ao, als den Ältesten der Streitenden. Dieser teilte zuerst seine Personalien mit und erzählte umständlich die Geschichte von der Hochzeit seiner Tochter.

»Wie groß war meine Überraschung«, fügte der Greis hinzu, »als ich meinen Schwiegersohn unter den Schlägen dieses widerwärtigen Gesellen ächzen sah! Ich erfuhr sofort den Zusammenhang und machte mir klar, dass dieser hässliche Wicht die ganze Kabale eingerädelt hatte, um mir die Tochter zu stehlen. Seinen Vetter Ts'ên Tsin hat er als Köder missbraucht. Euer Gnaden brauchen nur diesen Yüch Jen zu befragen, die rechte Hand des sauberen Herrn Yen Tsun.«

Man ließ den Händler vortreten, den der Magistrat mit strengen Blicken musterte. Er drohte ihm mit Stockschlägen, wenn er nicht alles gestehe. Der Heiratsmakler war sich seiner schwierigen Lage bewusst und verschleierte in seiner Aussage nichts. Er berichtete den Streich, zu dem er von Yen Tsun verleitet worden war, in allen Einzelheiten. Dann kam der hässliche Yen Tsun an die Reihe, dem nichts anderes als ein volles Geständnis übrig blieb. Zuletzt wurde Ts'ên Tsin gerufen. Jugendlich und sanft im Auftreten, gewann er sofort die Sympathie des hohen Beamten. Die Beule auf seiner Stirn und sein zerrissenes Gewand erregten das Mitleid aller Anwesenden. Der Unterpräfekt sprach:

»Ihr seid Akademiker des ersten Grades und kennt daher die Lehren des K'ung-fu-tze und die strengen Riten des Chê-K'ung über das Thema der Eheschließung. Wie konntet Ihr es über Euch bringen, ein junges Mädchen zu heiraten und es dann an Euern Vetter abzutreten? – Als Mitschuldiger eines Hochstaplers habt Ihr Euch abscheulich benommen!«

»Dies alles habe ich nicht gewollt«, seufzte Ts'ên Tsin. »Ich war nur der Sklave meines Dankgefühles; denn ich stand in der Schuld meines Vetters, bei dem ich, mittellos wie ich bin, seit Langem die großzügigste Gastfreundschaft genieße. Ich wagte nicht, ihm einen Dienst zu weigern. Auch glaubte ich, dass der Plan meines Vetters nicht so verdammenswert sei, wenn man bedenkt, dass er besessen ist von dem Wunsch, eine schöne Frau zu heiraten.«

»Schweigt«, unterbrach ihn der Unterpräfekt mit sanfter Strenge. »Ihr hättet niemals anstelle Eures Vetters Hochzeit feiern dürfen, gerade dann nicht, wenn Ihr ihm einen Dienst erweisen wolltet.«

»Ja, ich bin zu den K'aos gegangen, nur um die Braut abzuholen. Drei Tage lang aber heulte der Sturm über den See und hinderte mich und mein Gefolge an der Rückfahrt. Die Hartnäckigkeit des Vaters K'ao brachte mich gänzlich aus der Fassung. Ich musste mich seinem Willen beugen, ich musste mich stehenden Fußes der Zeremonie unterziehen. Ich tat dies, damit niemand erführe, dass ich nicht der wahre Bräutigam bin.«

»Warum seid Ihr in Eurer Weigerung nicht standhafter gewesen, wie es die Pflicht gebot?«

In diesem Augenblick ergriff Yen Tsun das Wort, den Boden mit der Stirn berührend:

»Euer Gnaden, es ist sonnenklar, dass er diese Umstände ausnützen wollte, um mich zu verraten!«

»Wartet, bis Ihr gefragt werdet!«, schrie ihm der Beamte entgegen und fuhr weiter im Verhör des Ts'ên Tsin.

»Habt Ihr ihn wirklich verraten?«, fragte der Magistrat.

»Es blieb mir nichts anderes übrig, als mich im Interesse meines Vetters von Herrn K'ao führen zu lassen. Nur zum Schein nahm ich die Stelle des Gatten ein. Es ist die lautere Wahrheit, wenn ich sage, dass ich in den drei Nächten, die ich im Brautzimmer zubrachte, weder die Kleider gelockert, noch ein einziges Haar der jungen Dame berührt habe.«

Diese naive Antwort verblüffte den hohen Beamten so sehr, dass er einen Augenblick lang aus der Fassung geriet und in ein lautes Gelächter ausbrach.

»Nur von einem einzigen Mann hörte ich sagen«, erklärte der Präfekt, »dass er fähig war, eine schöne Frau auf die Knie zu nehmen, ohne einen heißen Kopf zu bekommen. Es war Liu Hsia-/wei, der tugendhafte Weise früherer Zeiten. Betrachten wir aber einmal die heutige Jugend! Jederzeit ist ihr Herz den tollsten Leidenschaften offen. Ich glaube nicht, dass einer dieser Jünglinge drei Nächte lang im Bett eines reizenden Mädchens liegen kann, ohne dass irgendetwas geschieht ...«

»Ich bin trotzdem unschuldig«, beteuerte Ts'ên Tsin. »Wollen Euer Gnaden die junge Dame durch ihren Vater befragen lassen?«

»Einverstanden«, nickte der Magistrat.

Und an Vater K'ao sich wendend, fragte er:

»Wem wollt Ihr die Hand Eurer Tochter geben?«

»Es ist der junge Akademiker Ts'ên Tsin, den ich zum Schwiegersohn erkoren habe«, sagte der Greis. »Meine

Tochter und Ts'ên Tsin sind ja schon verheiratet, nach Sitte und Brauch. Auch wenn nichts geschehen ist zwischen ihnen, könnte man es denn leugnen, dass sie Mann und Frau sind vor dem Gesetz? Niemals werde ich Yen Tsun als Schwiegersohn aufnehmen, und ich bin überzeugt, dass auch meine Tochter sich weigern wird, ihm anzugehören!«

»Das glaube ich auch«, meinte der Magistrat.

»Niemals nehme ich eine solche Regelung an«, rief Ts'ên Tsin aufgeregt. »Bis jetzt habe ich diese Komödie gespielt, um meinem Vetter zu helfen. Wenn ich nun die Frau nehme, was wird man von meinen drei Nächten denken, die ich in Kleidern zugebracht habe?«

»Wenn Ihr Euch meinem Urteil widersetzt«, erklärte der hohe Beamte, »dann verurteile ich Euch wie einen gewöhnlichen Hochstapler. Entweder heiratet Ihr das Mädchen oder Ihr wandert ins Gefängnis. Die Wahl steht Euch frei!«

Damit hob er die Sitzung auf. Der Händler Yüch Jen musste zwanzig Bambusschläge als Strafe über sich ergehen lassen. Yen Tsun wurde freigesprochen; es wurden ihm aber alle Kosten für die Hochzeit seines Vetters überbunden. Funkelnd vor Wut schoss er aus dem Amtszimmer.

Nun blieb Ts'ên Tsin nichts anderes übrig, als die Jungvermählte abzuholen, die nun in Wahrheit seine Gemahlin werden sollte. Mit einem leisen Seufzer des Glückes sah die holde Ts'ui-fang dem schönen Jüngling entgegen.

Voll Dankbarkeit für den weisen Magistraten folgte der Vater K'ao schmunzelnd dem jungen Paar, das Hand in Hand den Schiffen zustrebte. Die sinkende Sonne warf tausend Fackeln der Freude in die leichtbewegte Flut.

# Der Bodhisattva aus Jade

Im Zuge der Jahre des Sao-ching, unter der südlichen Sungdynastie, lebte in der Hauptstadt des Kaiserreiches ein mächtiger Feldherr. Er amtete als Oberbefehlshaber von drei ausgedehnten Militärbezirken und trug den Ehrentitel eines Fürsten von Yen-ngan. An einem leuchtenden Frühlingstag machte er mit seiner ganzen Familie einen Ausflug aufs Land und kehrte erst abends zurück. Die große Reihe der Sänften überquerte gerade die Brücke Ch'ü-ch'ia, innerhalb des Tores Ts'ên-tang, als der Fürst, der in der hintersten Sänfte saß, auf der Straße eine Stimme rufen hörte:

»Schnell, schnell, meine Tochter! Schau, der Fürst geht vorbei.«

Sofort ließ der hohe Herr den Majordomus kommen und sagte ihm:

»Es kommt mir vor, als ob ich lange schon diese Person gesucht hätte. Der Zufall führte sie mir in den Weg. Ich zähle auf dich, dass sie morgen in meinen Palast kommt.«

Der treue Haushofmeister machte sich unverzüglich auf, die Spuren der Frau zu suchen, die vom Blick seines Herrn geehrt worden war. Er stieg zur Uferstraße hinunter und fand dort einen Laden mit der Aufschrift:

FIRMA CH'Ü
Antike und moderne Hüllen
für Gemälde und Kalligrafie

In der Bude saßen ein Greis und ein junges Mädchen. Wie sah diese junge Schönheit aus? – Ihre Haare waren wolkig hingehaucht, von Zikadenflügeln überglänzt. Der Bogen ihrer Augenbrauen ahmte die Linie frühlingshafter Hügel nach, ihre roten Lippen glichen einer glühenden Kirsche und ihre weißen Zähne waren eine doppelte Reihe geschnittener Edelsteine. Die Füßchen staken in kleinen Schuhen mit hohen Absätzen, die bei jedem Schritt funkelten.

Ja, sie hatte sich vorhin in die Menge der Neugierigen gedrängt. Der Haushofmeister trat in einen Teepavillon, der dem Laden gegenüberlag. Er setzte sich ans Fenster und ließ sich von einer Matrone den Tee einschenken.

»Bitte, meine Gute, lasst einmal den Vater Ch'ü, den Rahmenmacher, kommen. Ich muss ihn sprechen.«

Die Dienerin rief den Vater Ch'ü herbei.

Die beiden Männer begrüßten sich und nahmen Platz. Der Handwerker fragte nach der Ursache dieser ehrenvollen Besprechung.

»Oh, nichts Wichtiges«, sagte der Haushofmeister. »Ich wollte ein wenig plaudern, um die Zeit zu vertreiben … Sagt einmal, war das junge Mädchen, das dem Umzug des Fürsten zugeschaut hat, nicht Eure liebe Tochter?«

»Ja, es ist meine kleine Tochter. Und zusammen mit ihrer Mutter wohnen wir nur zu dritt im Haus.«

»Welches Alter hat sie, Eure einzige Tochter?«

»Achtzehn Jahre.«

»Welche Pläne habt Ihr für sie gefasst! Wollt Ihr sie verheiraten oder in den Dienst eines hohen Herrn geben?«, fragte der Hofbeamte.

»Ach, ich bin arm und alt; ich kann meiner Tochter keine Mitgift schenken. Wie sollte ich sie verheiraten? Es wird mir nichts anderes übrig bleiben, als sie in ein hochherrschaftliches Haus zu schicken?«

»Hat sie irgendeinen Beruf erlernt?«

Bei diesem Stichwort rühmte der Alte die Talente seiner Tochter, die die Kunststickerei meisterlich beherrsche. Der Hofbeamte ergriff diesen Anlass, um seinen Auftrag auszurichten:

»Soeben hat der Fürst von seiner Sänfte aus bemerkt, dass Eure Tochter einen wundervoll gestickten Gürtel trägt. In der Residenz fehlt uns eine begabte Stickerin. Warum bietet Ihr Eure Tochter nicht dem Fürsten an, mein alte Vater?«

Vater Ch'ü holte die Einwilligung seiner Gattin ein. Am nächsten Morgen bekam er einen Anstellungsvertrag und führte seine Tochter in den fürstlichen Palast. Der Fürst nahm das Mädchen auf und ließ dem Alten eine Gratifikation ausbezahlen. Von diesem Tag an gehörte das Mädchen zum fürstlichen Haus und wurde als Fräulein Hsiu-hsiu vorgestellt.

Die Wochen gingen dahin. Eines Tages ehrte der Kaiserliche Hof den Fürsten mit einem kostbaren Geschenk, einem Waffenrock, von oben bis unten von kleinen blumenbestickten Rundschilden besetzt. Hsiu-hsiu machte eine getreue Nachbildung dieses Geschenkes, die den Fürsten entzückte. Er aber sagte:

»Der Kaiser hat mir diesen schönen Waffenrock geschenkt. Was kann ich ihm wohl als Gegengabe anbieten?«

Er schickte seine Diener aus, in den Geschäften der Hauptstadt ein Stück milchweißer Jade, durchsichtig wie Lammfett, zu suchen. Dann rief er die Steinschnitzer des fürstlichen Hauses zusammen und fragte sie:

»Was könnte man aus diesem Stück Jade herstellen?«

Einer der Handwerker trat vor und sprach:

»Ich könnte daraus ein Paar reizende Tassen schneiden.«

»Es wäre schade, daraus nur Tassen zu machen«, brummte der Fürst.

Die anderen Steinmetzen gaben auch ihre Meinung kund. Zuletzt trat Ts'ui-ning, ein junger Künstler von fünfundzwanzig Jahren, der lange schon im fürstlichen Dienst stand, mit gekreuzten Armen vor den Thron:

»Mein wohlwollender Herr möge mich anhören. Dieses Stück Jade scheint mir nicht leicht zu schneiden; es ist oben spitz und unten breit. Am besten wäre es, ein kleines Standbild unseres Bodhisattva*, der Gottheit des südlichen Meeres, daraus zu formen.«

»Ausgezeichnet«, nickte der Prinz, »gerade das ist mein Wunsch!«

Ts'ui-ning machte sich ans Werk. Zwei Monate später war das Standbild vollendet und leuchtete in unnachahmlicher Schönheit. Sofort sandte der Fürst eine Botschaft an den Kaiser, mit der er ihm den Bodhisattva aus Jade zum Geschenk machte. Der Kaiser war begeistert.

Von diesem Tag an lebte der Bildhauer Ts'ui-ning in einer Vorzugsstellung bei Hofe. Das Auge des Fürsten

* Ein Bodhisattva ist ein zur künftigen Buddhaschaft bestimmtes Wesen; diese verklärten Wesen genießen in China hohe Verehrung.

ruhte mit Wohlwollen auf ihm. An einem Frühlingsmorgen machte Ts'ui-ning mit einigen Freunden einen Ausflug aufs Land und kehrte abends in einem Weinpavillon ein, nahe dem Tore Ts'ên-tang. Sie zechten in gehobener Stimmung, bis sie plötzlich von Schreien, die aus der Straße zu ihnen drangen, aufgestört wurden. Sie lehnten sich zu den Fenstern hinaus und errieten aus den Rufen, die in dem Tumult der Straße ertönten, dass im Quartier der Brücke Ts'iu-ning Feuer ausgebrochen sei. Ts'ui-ning und seine Freunde erhoben sich von ihrem Gelage und stürmten auf die Straße. Dort sahen sie, dass ein Winkel des Himmels vom Rauch und den Flammen einer furchtbaren Feuersbrunst umwallt war. Der junge Bildhauer zeigte besondere Unruhe.

»Aber das ist ganz in der Nähe des Fürsten!«, rief er aus.

Er rannte, so schnell seine Füße ihn tragen konnten. Und er fand den riesigen Palast seines Herrn leer und verlassen. Schon leckten einzelne Flammen an ihm empor. Alles schien in Eile ausgeräumt zu sein, kein lebendiges Wesen war da, Totenstille umdräute das Haus. Von dieser ungewohnten Verlassenheit erregt, drang der Bildhauer in den Palast und folgte den labyrinthischen Gängen des endlosen Gebäudes. Der zuckende Schein der Feuersbrunst drang hell wie Tageslicht durch die Fenster. Auf einmal tauchte, in der Tiefe einer Galerie, eine Frau auf, die gerade von den geheimen Gemächern kam und sich wankend am Geländer festhielt. Sie taumelte die Treppe hinab, und wie eine Schlafwandlerin stieß sie heftig gegen die Brust des jungen Mannes. Er erkannte Fräulein Hsiu-hsiu, wich zwei Schritte zurück und begrüßte sie mit versagender Stimme.

Es war nämlich eines Tages geschehen, dass der Fürst dem jungen Bildhauer die Hand der schönen Stickerin versprochen hatte.

»Sobald Hsiu-hsiu ihren Dienst beendigt hat, gebe ich sie dir zur Gattin«. So lauteten seine Worte.

Der ganze Hof nickte damals Beifall:

»Das gibt ein herrliches Paar!«

Von nun an ließ der junge Künstler es sich nicht nehmen, oftmals vor dem Throne des Fürsten niederzufallen, ihm dankend für diese unerwartete Gunst, mit der Absicht jedoch, ihn durch diesen Dank an sein Versprechen zu erinnern. Vereinsamt und keusch trotz seines Alters, war Ts'ui-ning verrückt genug, den Scherz seines Herrn ernst zu nehmen. Hsiu-hsiu aber hatte mit verstohlenen Blicken schon lange bemerkt, dass der junge Bildhauer hübsch und sympathisch aussah und hegte in ihrem Herzen den gleichen Wunsch wie er.

Heute, im Getümmel der Feuersbrunst, presste Hsiu-hsiu ein großes Taschentuch in ihren Händen. Wertvolle Juwelen trug sie darin versteckt. Im Augenblick, da sie sich über die linke Galerie retten wollte, traf sie mit Ts'ui-ning zusammen.

»Her Ts'ui …«, stammelte sie überrascht. »Ich bin recht spät für die Flucht. Alle Damen des Hofes sind verschwunden, niemand kümmert sich um mich. Was soll ich tun? Ich bitte Euch um Euern Beistand!«

Ts'ui nahm das Mädchen mit sich. Sie verließen in höchster Eile den Palast, der schon die Beute der Flammen wurde, strichen die Uferstraße entlang bis zur Brücke Chê-huai. Dort klagte das Mädchen:

»Meine Füße tun mir weh, Herr Ts'ui, ich kann nicht mehr gehen.«

»Nur noch ein paar Schritte!«, antwortete Ts'ui. »Seht, dort drüben wohne ich. Das kleine Fräulein kann sich bei mir ausruhen, wenn sie nichts Schlimmes dabei findet?«

Im Haus des Bildhauers nahmen die jungen Leute Platz, mit Höflichkeit und feiner Zurückhaltung.

»Ich habe Hunger«, sagte Hsiu-hsiu, »wollt Ihr nicht so freundlich sein, mir etwas zu bringen? Noch liegt mir der Schrecken in den Gliedern. Bei einer Schale Wein werde ich mich sicher wieder besser fühlen ...«

Ts'ui beeilte sich, Speisen und Wein zu holen. Nachdem Hsiu-hsiu zwei oder drei Tassen getrunken, erglühten die Wangen des Mädchens wie zwei rote Röslein. Und wirklich:

Den Frühling verkünden die Blumen im Rain,
Und Herold der Liebe ist funkelnder Wein ...

Denn die junge Stickerin änderte ihren melancholischen Ton und begann zu plaudern:

»Erinnert Ihr Euch noch jener Nacht? Wir standen auf dem Balkon und schauten in den großen Mond. Da kam der Fürst in prächtiger Laune. Er versprach Euch meine Hand, und Ihr sprudeltet nur so in Dankbezeugungen. Denkt Ihr wirklich nicht mehr daran?«

Dieser unvermutete Wink machte den jungen Mann verlegen. Er hauchte »Ja« und verbeugte sich. Das Mädchen aber fuhr fort:

»Alle klatschten uns Beifall. ›Welch ein herrliches Paar!‹, riefen sie. Wie könntet Ihr nicht daran denken!«

Wiederum errötete der junge Mann und stammelte, dass er Tag und Nacht daran denke. Da sagte sie übermütig:

»Warum denn ewig warten? Verloben wir uns jetzt, heute Abend. Werden wir Mann und Frau!«

»Wie dürfte ich es wagen …«, zögerte er.

»Gut; Ihr wagt es also nicht? Dann schreie ich und rufe um Hilfe. Leute werden herbeirennen und ich sage einfach, dass Ihr mich bei Euch einsperren wolltet. Morgen beklage ich mich beim Fürsten!«

»Hört doch zu, kleines Fräulein«, antwortete Ts'ui-ning in großer Verwirrung. »Seien wir Mann und Frau, ich wünsche mir ja nichts anderes. Ich stelle aber eine Bedingung: Verlassen wir sofort die Hauptstadt. Wollen wir nicht die Unruhe nützen, die die Feuersbrunst heraufbeschworen hat, und weit, weit weg verschwinden?«

»Ich will Euch gehorchen, mein Herr, da Ihr ja mein Gatte sein werdet.«

Und noch in dieser Nacht feierten sie ihre heimliche Hochzeit.

Beim ersten Frührot machten sich Ts'ui-ning und Hsiu-hsiu auf den Weg. Jeder von ihnen trug auf dem Rücken einen Sack voll Geld und Juwelen.

Während des langen Marsches wagten sie kaum zu sprechen. Auch rasteten sie nicht. Endlich langten sie erschöpft in Ssû-chou an.

Hier kreuzten sich fünf große Straßen.

»Welche wollen wir einschlagen?«, fragte Ts'ui-ning.

»Vielleicht gehen wir die Straße nach Hsin-chou. Dort war ich einmal Lehrling und hatte viele Freunde. In dieser Stadt können wir uns niederlassen.«

So gingen sie denn nach Hsin-chou. In dieser Stadt rasteten sie ein wenig. Nach einigen Tagen beunruhigte sich der Bildhauer von Neuem:

»Wir befinden uns immer noch zu nahe der Hauptstadt. Von hier bis dort strömt der Verkehr ohne Unterlass. Sollte jemand uns entdecken und uns dem Fürsten anzeigen, dann wären wir verloren!«

Wiederum machten sich die Flüchtlinge auf den Weg. Nach langer Wanderung erreichten sie T'ai-chou und waren wirklich weit genug von der Kaiserstadt entfernt. T'sui mietete ein Atelier am Marktplatz und hing ein Schild an die Tür:

ARBEITEN AUS JADE
Meister Ts'ui
Bildhauer der Hauptstadt

Der junge Künstler sprach zu seiner Frau:

»Mehr als zweitausend Li trennen uns von der Hauptstadt. Ich glaube, dass wir von nun an in Glück und Frieden leben können. Für immer.«

In T'ai-chou wohnten hohe, dorthin verbannte Mandarine. Sie fühlten sich glücklich, in Ts'ui-ning einen verfeinerten, in der Hauptstadt ausgebildeten Bildhauer gefunden zu haben. Darum häuften sich die Aufträge für den jungen Mann. Von Zeit zu Zeit erkundigte sich Ts'ui vorsichtig bei Besuchern aus der Hauptstadt, welche Neuigkeiten es wohl gäbe in der Residenz des Fürsten, und er erfuhr, dass eine Belohnung ausgesetzt worden sei auf die Entdeckung eines jungen Mädchens, das sich seit der Feuersbrunst im fürstlichen Haushalt nicht mehr eingefunden habe. Die Angelegenheit war noch in der Schwebe, denn niemand hatte die leiseste Ahnung, dass dieses Mädchen vom Bildhauer entführt worden war.

Viele Jahre vergingen und das junge Paar lebte in ungetrübtem Glück.

Eines schönen Morgens traten zwei Männer in die Bude des Bildhauers, kurz nachdem er mit der Arbeit begonnen. Sie waren schwarz gekleidet wie die Ordonnanzoffiziere hoher Magistraten. Sie luden den Bildhauer ein, mit ihnen zu einem hohen Beamten der Nachbarschaft zu gehen, um den Auftrag für ein erlesenes Schmuckstück entgegenzunehmen. Ts'ui verabschiedete sich von seiner Frau und begleitete die beiden Offiziere.

Auf dem Rückweg erblickte er einen Mann, dessen Gesicht von einem breiten Strohhut verdeckt war. Der Mann trug eine dunkelfarbige Bluse, darüber einen hohen Kragen aus weißer Seide. Seine Hosen endigten in weiß-blauen Wickelgamaschen. Die Füße staken in Sandalen aus geflochtenem Hanf, wie sie meist auf großen Märschen getragen werden. Auf der Schulter trug er zwei kleine Ballen, vorn und hinten von einer Stange niederhängend. Dieser Mann betrachtete Ts'ui-ning aufmerksam unter dem breiten Rand seines Strohhutes. Der Bildhauer ging an ihm vorüber, ohne ihn zu beachten. Der Mann im großen Hut aber kehrte sich plötzlich um und folgte Ts'ui-ning auf den Fersen.

Zu dieser Zeit lebte in T'ai-chou ein Feldherr im Ruhestand, namens Liu Liang-fu. Dieser würdige Greis hatte einst große Waffentaten vollbracht; jetzt führte er das Dasein armer Leute, weil er alles Geld und die Freuden der vornehmen Welt tief verachtete. Jeden Tag ging er unter falschem Namen in eine, kleine Singkneipe des Ortes. Die Besucher hatten keine Ahnung von ihrem berühmten Zechgenossen und hielten mit ihrem rüpelhaften Lärm nicht zurück. Und der alte General sagte seinen Freunden:

»Einstmals hörte ich das Kriegsgeschrei von hunderttausend Tataren. Es erschreckte mich nicht. Heute ersticke ich fast im Lärm der flegelhaften Bauern. Wer hätte das gedacht?«

Aus der Hauptstadt schickten ihm seine ehemaligen Kameraden zuweilen nützliche Geschenke. So geschah es, dass der Fürst von Yen-ngan, der frühere Herr von Hsiu-hsiu und Ts'ui-ning, einen Vertrauensmann nach T'ai-chou sandte, um dem alten General einen Brief und eine Geldsumme zur Stärkung zu überbringen. Als der Kurier des Fürsten, Wachtmeister Ko, den Bildhauer auf der Straße erblickte, erkannte er ihn sofort. Er verfolgte ihn bis zu seiner Bude, in deren Hintergrund Hsiu-hsiu am Zahltisch saß.

Ohne Umstände pflanzte der Wachtmeister sich vor ihnen auf und sagte unvermittelt:

»Ei, ei, Meister Ts'ui! Lange ist's her, seit wir Euch nicht mehr gesichtet haben. Ihr seid also da? Und Fräulein Hsiu-hsiu ist auch da, soso? – Ich selber bin im Auftrag des Fürsten in diese Gegend gekommen. Ich musste jemandem einen Brief abgeben. Da trifft man sich also, welcher Zufall! Ihr habt zusammen ein Nest gebaut, wie mir scheint? Fein, fein, soso!«

Das Ehepaar Ts'ui war entsetzt über diesen ungebetenen Besuch. Umso mehr, als der Wachtmeister im fürstlichen Schloss für seine Derbheit berüchtigt war. Als Soldat kannte er weder Rücksicht noch Hemmung. Von Kindsbeinen an stand er im Dienst des Fürsten und hatte das Vertrauen seines Herrn errungen. Er nannte sich Ko Li. Man sagte ihm einfach »Wachtmeister Ko«. Ts'ui-ning und seine Frau bewirteten ihn höflich und baten:

»Vor allem, kein Wort dem Fürsten!«

»Nein«, sagte der Wachtmeister. »Der Fürst weiß nichts von Eurer Geschichte. Was nützt es, ihn zu erinnern?«

Der Mann verabschiedete sich von dem verängstigten Paar und nahm wertvolle Geschenke mit, als Lohn für seine Verschwiegenheit.

In die Residenz zurückgekehrt, überbrachte der Wachtmeister Ko die Antwort des Generals und blieb einen Augenblick lang vor seinem Herrn stehen, wie angewurzelt, starren Blickes. Dann, unter dem Zwang der Mitteilsamkeit begann er in den Bart zu brummen:

»Kürzlich, vor der Abreise aus T'ai-chou, habe ich sie gesehen, die beiden Vögel.«

»Was sagst du da?«, schnarrte der Fürst ungeduldig.

»Ich sah Fräulein Hsiu-hsiu und Meister Ts'ui. Sie gaben mir zu trinken und baten mich sozusagen, Euch nichts zu erzählen.«

Bei diesen Worten fuhr der Fürst auf:

»Oh, die Unverschämten! Sie wagten, mir diesen Streich zu spielen. Wie konnten sie denn so weit gehen?«

»Mehr weiß ich nicht. Ich sah sie nur in ihrem Haushalt. Sie haben eine Handwerksbude aufgemacht.«

Der Fürst rief sofort einen Offizier und schickte ihn zum Präfekten der Hauptstadt. Dieser ließ einen Arrestbefehl gegen die Flüchtlinge ausfertigen. Ein Polizeibeamter machte sich mit mehreren Leuten auf den Weg nach T'ai-chou. Dort wurden, mithilfe der Ortsbehörden, Ts'ui-ning und Hsiu-hsiu verhaftet. Nach einer gewissen Zeit meldete man dem Fürsten die Ankunft der beiden Gefangenen. Der Gewaltige empfing sie im großen Thronsaal.

Einstmals, im Kampf gegen die Tataren, hatte er in seiner Linken das Schwert »Der große blaue Strahl« geschwungen und in der Rechten ein anderes »Der kleine blaue Strahl«. Wie viele Tatarenköpfe wurden damals von diesen schrecklichen Klingen gespalten! Jetzt hingen die beiden gefährlichen Schwerter an der Wand des großen Saales. Heute nahm der Fürst Platz auf dem breiten Diwan. Die beiden Sünder warfen sich nieder vor ihrem Herrn. Von Natur jähzornig, schäumte der Feldherr beim Anblick der beiden Ungetreuen. Wortlos riss er die beiden Säbel aus der Scheide. Furchtbar sperrte der Tatarentöter seine Augen auf, knirschte mit den Zähnen, holte weit aus zum Schlag … Da schrie eine Stimme und ließ seine Arme erstarren.

In der Tiefe des Saales, hinter einem Wandschirm, wohnte die Fürstin insgeheim dem Auftritt bei. Entsetzt über die Rohheit ihres Gatten, rief sie ihm aus ihrem Versteck entgegen:

»Hoheit! – Wir sind hier in der Hauptstadt des Kaiserreiches. Das ist nicht das Gleiche wie ein Schlachtfeld!

Wenn diese Leute schuldig sind, so genügt es, sie dem Präfekten auszuliefern. Er wird sie richten nach Gesetz und Brauch. Wie, um alles in der Welt, darf man sie hier töten?«

»Zum Teufel!«, knurrte der Fürst, »diese beiden Bestien sind ausgerissen. Seit Jahren warte ich auf ihre Rückkehr. Warum darf ich sie nicht vertilgen, da ja mein Zorn immer noch brennt? Aber ... weil Ihr es seid, die ein gutes Wort einlegt für sie, da lasse ich sie eben noch ein paar Stunden schnaufen. Wache! – Sperrt Hsiu-hsiu ein und bringt Ts'ui-ning zum Präfekten!«

Vor dem Magistraten gestand der Bildhauer alles.

»In jener Nacht, da die Feuersbrunst wütete, rannte ich in den Palast, mit der Absicht zu helfen. Ich fand das Gebäude bereits verlassen. Plötzlich tauchte Hsiu-hsiu aus dem Schatten auf. Sie hielt mich zurück und sagte: ›Ich bin ganz allein mit Euch. Gehorcht mir, oder ich schreie ...‹ Und sie verleitete mich zur Flucht.«

Der Präfekt sandte die Akten des Ts'ui-ning an den Fürsten. Dieser war ein Raubein, aber nicht ganz ohne Einsicht. Er verlangte, dass dem Bildhauer die Todesstrafe erspart bliebe. Ts'ui-ning wurde zur Verbannung verurteilt, »weil er der sündhaften Verführung von Hsiuhsiu nicht widerstanden habe«.

Zwei Wächter mussten den Verurteilten bis nach Chien-kang begleiten, eine weit, weit abgelegene Stadt an der Grenze. Unverzüglich brachen sie auf. Kaum hatten die drei die Mauern der Kaiserstadt hinter sich gelassen und einen benachbarten Hügel erstiegen, als sie eine von zwei Männern getragene Sänfte erblickten, die ihnen eilig folgte. Von Weitem schrie jemand:

»Nicht so schnell, nicht so schnell, Meister Ts'ui!«

Es war dem Bildhauer, als höre er die Stimme seiner jungen Frau. Er wusste nicht, was Hsiu-hsiu seit ihrer Trennung widerfahren; darum fühlte er sich unsicher und schwieg. Nach kurzer Überlegung wanderte er weiter, gesenkten Kopfes, wie ein vom Pfeil verwundeter Vogel, der den Schatten des Bogens flieht. So sehr fürchtete er sich vor einer neuen Falle. Doch die Sänfte erreichte die drei Reisenden auf dem Fuß. Das Gefährt wurde abgesetzt, der Vorhang teilte sich: Eine junge Dame stieg aus. Es war Hsiu-hsiu.

»Meister Ts'ui, so bist du auf der Reise nach Chienkang? Und was wird aus mir!«

»Ach, was tun?«, antwortete der Mann ängstlich.

Die junge Frau begann wieder:

»Als du in die Präfektur geführt wurdest, sperrten sie mich im inneren Garten des Palastes ein. Dort gaben sie mir dreißig Schläge mit dem Bambusstecken. Dann setzten sie mich vor die Tür. Ich erfuhr, dass du fortgegangen und machte mich sofort auf den Weg, dich einzuholen ...«

»Das ist wirklich gut abgelaufen«, nickte Ts'ui-ning.

Am Ende ihrer Fußreise nahmen der Gefangene, seine Frau und die beiden Wächter ein Schiff, das nach Chienkang segelte, wo Ts'ui-ning seine Strafe abbüßen sollte. Weil sie ihren Auftrag ausgeführt hatten, kehrten die Wächter wieder um. Wären sie schwatzhaft gewesen, so hätte sich noch ein anderes Unglück über dem Haupt des Bildhauers zusammengezogen. Diese Beamten aber wussten, dass der Fürst von Yen-ngan ein Feuerkopf war und dass ein einziger Funke genügte, eine Feuersbrunst zu entzünden. Sie gehörten nicht zum Haushalt des Fürsten und hüteten sich daher, ihm das neue Erscheinen der jungen Frau zu melden; wesentlich blieb ja nur die Ankunft des Verurteilten in seinem Exil.

Das Ehepaar Ts'ui ließ sich endgültig nieder in Chienkang. Von nun an hatten sie nichts mehr zu fürchten; denn das schwerste Unglück war ihnen bereits widerfahren. Von Neuem mietete Ts'ui eine Bude und übte dort fleißig seinen Beruf aus. Eines Tages sagte die junge Frau zu ihrem Gatten:

»Jetzt geht es uns gut. Doch ich denke an meine Eltern. Sie quälten sich so sehr seit unserer Flucht aus der Hauptstadt. Als ich dann im Palast gefangen lag, fragten sich die beiden lieben Alten, ob sie weiterleben oder sterben sollten. Es ist höchste Zeit, dass sie zu uns kommen. Könnten wir sie nicht holen lassen?«

Ts'ui stimmte diesen Worten zu. Er schickte einen Boten mit der genauen Adresse der Eheleute Ch'ü und einer ausführlichen Beschreibung von Aussehen und Kleidung des Elternpaares. Der Bote ging in die Hauptstadt und fand das Haus fest verschlossen. Eine Bambusstange war quer über die Tür genagelt wie bei allen verlassenen Häusern. Er erkundigte sich bei den Nachbarn.

»Pst!«, flüsterten die Nachbarn. »Dies alles ist wegen der Tochter geschehen, die schön war wie eine Blume. Die Alten haben sie einem mächtigen und reichen Hause angeboten. Die Kleine aber hielt es nicht aus in der vornehmen Welt. Sie suchte das Weite mit dem Mann ihrer Wahl. Dann hat man sie wieder eingefangen, die beiden jungen Leute; von T'ai-chou wurden sie in die Hauptstadt gebracht. Den einen verurteilten sie zur Verbannung, den andern zum Gefängnis. In dieser Zeit sind die Eltern verrückt vor Angst geworden. Vater Ch'ü und seine Frau gingen eines Tages fort, kein Mensch weiß wohin. Ihr Haus haben sie mit dem Schlüssel versperrt.«

Der Bote des Ts'ui-ning wusste sich keinen andern Rat und suchte nach Chien-kang zurückzukehren. Unterdessen geschah es eines Morgens, dass Ts'ui-ning vor seiner Tür jemanden reden hörte:

»Wohnt hier nicht der Meister Ts'ui?«

Der Bildhauer bat seine Frau, einen Augenblick vor die Tür zu treten, um Nachschau zu halten. Doch wen erblickte sie da? – Ihre beiden Eltern. Unbeschreiblich war der Jubel der endlich vereinten Familie! Erst am folgenden Tag langte der Bote aus der Hauptstadt hier an. Wie staunte er, als er die vergeblich Gesuchten friedlich im Hause Ts'ui erblickte!

Von nun an lebte Ts'ui-ning zufrieden und ungestört mit seiner schönen Frau und den Schwiegereltern. –

Es kam der Tag, da der Kaiser die Sammlung der Kunstwerke in seinem Palaste besichtigte. Sein Blick wurde angezogen von einem Bodhisattva aus Jade, einer wundervollen Kleinplastik. Er nahm sie in die Hände und streichelte sie lange mit träumerischer Freude. Ein feines Glöcklein löste sich von dem Bildnis. Der Kaiser fragte einen Hofbeamten, wie man die Statue wiederherstellen könnte. Der Beamte betrachtete seinerseits das Kunstwerk und entdeckte durch Zufall unter den Füßen der Figurine die eingeritzten Schriftzüge: »Von Ts'ui-ning geschnitzt«. Sofort erteilte der Kaiser den Befehl, einen Bildhauer namens Ts'ui-ning zu suchen. Der Monarch erinnerte sich, dass der Künstler im Dienst des Fürsten von Yen-ngan gestanden. Dieser aber hatte ihn verbannt.

Nach langem Suchen wurde der Verbannte in die Hauptstadt gebracht und vom Kaiser in Audienz empfangen. Dieser Augenblick bedeutete dem armen Künstler eine Gunst, die er nie zu erträumen gewagt. Ts'ui-ning dankte dem Herrscher für die himmlische Gnade und suchte ein Stücklein Jade von derselben Art und Farbe. Dann machte er ein neues Glöcklein daraus. Der Kaiser war zufrieden und gewährte ihm ein jährliches Gehalt, auf dass er in der Hauptstadt arbeiten könne.

»Jetzt, unter dem Schutz des Kaisers, habe ich keinen Menschen mehr zu fürchten. Mein bitteres Los zu rächen, will ich an der Uferstraße ein großes Atelier errichten, dort, wo einstmals meine Behausung stand.«

So sprach der Bildhauer zu sich selber.

Merkwürdiges Zusammentreffen! Drei Tage nach der Eröffnung der neuen Bude schritt ein Mann an der Tür vorbei. Es war wieder einmal der Wachtmeister Ko. Beim Anblick des jungen, wohlgekleideten Meisters rief er aus:

»Meine Glückwünsche, Meister Ts'ui! Ihr seid also hier gelandet, soso ...«

Er unterbrach sich, wie vom Schrecken versteinert; denn Hsiu-hsiu stand jäh vor seinen Augen. Ohne Zögern drehte sich der Soldat auf seinem Absatz um und rannte davon. Hsiu-hsiu aber sagte ihrem Gatten:

»Schnell, hol' ihn ein, bring ihn zurück! Ich habe mit ihm zu reden.«

Der Bildhauer sprang dem Wachtmeister nach und erwischte ihn nicht ohne Mühe. Zögernd kam der Soldat zurück und hörte nicht auf, mit seinem Kopf von rechts nach links zu wackeln.

»Ei, ei! – Wie sonderbar, wie sonderbar!«

Hsiu-hsiu bewirtete ihn, als ob nicht das Geringste vorgefallen wäre. Nach einem langen Schweigen, das dem Soldaten Schweißtropfen aus der Stirn presste, sagte sie:

»Wachtmeister Ko! – Einstmals in T'ai-chou hatte ich den guten Willen, Euch aufs Beste zu empfangen. Ich gab Euch zu trinken, zu essen ... All dies hat Euch nicht gerührt, und Ihr habt uns dem Fürsten angezeigt, sobald Ihr den Fuß in den Palast gesetzt. In tiefstes Unglück habt Ihr uns gestürzt! Heute genießen wir den hohen Schutz der kaiserlichen Majestät; wir fürchten Euch nicht mehr. Geht, zeigt uns noch einmal an, wenn es Euch Spaß macht! Geht doch, geht!«

Der Wachtmeister war entgeistert, entsetzt. Er brachte kein Wort heraus und schlich zur Tür. Draußen rannte er davon, so schnell seine Beine ihn trugen. Atemlos trat er vor den Fürsten:

»Ich habe ein Gespenst gesehen!«, keuchte er.

»Was hat denn dieser Mensch wieder?«, brummte der Fürst.

»Ich melde gehorsamst, dass ich ein Gespenst gesehen habe«, sagte der Kriegsmann.

»Welches Gespenst? – Mach keine Witze.«

»Soeben komme ich vom Kai. Dort sah ich Ts'ui-ning, der einen Laden aufgemacht hat. Hinter dem Tisch saß eine Frau: Hsiu-hsiu!!«

»Willst du mir Schauermärchen erzählen?«, tobte der Fürst. »Hsiu-hsiu wurde von mir persönlich mit dem Bambusstecken totgeschlagen. Im Garten liegt sie begraben. Du hast zugeschaut. Und jetzt behauptest du, diese Frau wiedergesehen zu haben?«

»Ich erstatte gehorsamst meinem gütigen Fürsten Meldung, wie es meine Pflicht ist. Ich habe Hsiu-hsiu leibhaftig gesehen. Sie hat mit mir gesprochen. Wenn Eure Hoheit mir keinen Glauben schenkt, dann lege ich einen Soldateneid ab!«

»Unterschreib' mir diesen Eid, wenn du willst.«

Der unglückliche Wachtmeister unterschrieb umständlich eine eidesstattliche Erklärung vor seinem Herrn. Sofort wurde eine Sänfte ausgesandt, um Hsiu-hsiu zu ergreifen. Der Fürst sagte dem Wachtmeister:

»Bring mir dieses Geschöpf! Ich will sie mit einem Säbelhieb erledigen. Bringst du sie nicht, dann spalte ich dir den Schädel!«

Der Wachtmeister Ko Li, aus dem Nordwesten des Reiches stammend, war nichts mehr und nichts weniger als ein durchschnittlicher Kriegsmann und auch sonst kein Laternenlicht. Er ahnte nicht, dass die Unterschrift eines militärischen Eides gleich viel bedeutete wie die Verpfändung seines eigenen Kopfes. So kam er vor den Laden des Bildhauers, in Begleitung der Träger mit ihrer Sänfte. Hsiu-hsiu saß seelenruhig hinter ihrem Tischchen. Beim Anblick des Wachtmeisters und seiner Leute beunruhigte sie sich keineswegs. Der Soldat näherte sich ihr und brummte:

»Ei, ei, kleines Fräulein! – Ich habe den Befehl, Euch vor unseren Herrn, den Fürsten, zu führen.«

»Gut«, sagte die junge Frau. »Wartet einen Augenblick, ich will mich umziehen.«

Bald kehrte sie zurück, reich geschmückt, in einem neuen gestickten Gewand, und stieg in die Sänfte.

Der Fürst erwartete sie im großen Saale. Ko Li trat zuerst ein und verkündete mit gewichtiger Stimme, dass Hsiu-hsiu gekommen sei.

»Lass sie eintreten«, murrte der Fürst.

Ko Li ging draußen zur Sänfte und sagte höflich, indem er den Vorhang hinaufzog:

»Kleines Fräulein, Seine Hoheit befiehlt Euch, mir zu folgen.«

Doch ein Beben und Zittern ergriff seinen mächtigen Leib, so als hätte ihn ein plötzlicher Wasserstrahl getroffen. Die Sänfte war leer. Der Wachtmeister befragte aufgeregt die beiden Träger. Sie bestätigten ausdrücklich, die junge Frau bis zum Tor des Palastes getragen und die Sänfte nicht einen Augenblick an den Boden gestellt zu haben.

Der Wachtmeister stürmte vor den Gewaltigen und schrie:

»Oh, mein gnädiger Herr, sie ist wahrhaftig ein Gespenst!«

»Jetzt habe ich genug«, brüllte der Fürst. »Packt diesen Mann! Er hat einen Eid unterschrieben, sein Kopf ist verwirkt!«

Während vieler Jahre im Dienst des Fürsten, hatte sich Ko Li um seinen Herrn verdient gemacht. Wäre er mehr gewesen als ein ungehobelter und beschränkter Mensch, so hätte er längst einen höheren Grad als den des Wachtmeisters errungen. Von diesen im höchsten Maße verwirrenden und unbegreiflichen Ereignissen war er gänzlich niedergeschmettert. Er flehte den Fürsten um Gnade an. Wahrhaftig, er log nicht; die Träger hatten mit eigenen Augen gesehen, wie Hsiu-hsiu in die Sänfte stieg. Auch der Bildhauer gab zu, dass Hsiu-hsiu ihn am Tag seiner Reise nach Chien-kang eingeholt habe. Dem Fürsten blieb nichts übrig, als den Bildhauer laufen zu lassen, der ja nichts vom Tod der jungen Frau wissen konnte. Seinen Zorn zu stillen, verordnete der Gewaltige fünfzig Bambusschläge für den Wachtmeister Ko.

Ts'ui,-ning kam außer Atem in seiner Bude an und fragte seine Schwiegereltern, ob sie etwas wüssten vom Tod seiner Frau. Die beiden Alten schauten sich an, betroffen, verwundert. Dann, unvermittelt, sprangen sie auf. Sie eilten auf die Straße – und stürzten sich in den Kanal. Die Menschen sprangen mit Stangen herbei, Kähne wurden losgebunden. Die Rettungsversuche blieben vergeblich. Die beiden Alten verschwanden im gurgelnden Wasser. Keinem gelang es, ihre Körper herauszufischen.

Denn also war es geschehen: An dem Tag, da Hsiu-hsiu im Garten des Fürsten eingesperrt, dann zu Tode geschlagen und begraben worden, hatte das alte Ehepaar Ch'ü, von Verzweiflung gemartert, die Wohnstätte verlassen und im Fluss sich ertränkt. Auch sie waren Spukgestalten, zurückgekehrte Tote!

Außer sich und niedergeschlagen schlich Ts'ui-ning von der Uferstraße in seine Kammer. Und er sah Hsiu-hsiu auf dem Rand des Bettes sitzen. Die Haare des Mannes sträubten sich vor Grauen. Noch vermochte er, das Phantom anzuflehen, und stieß mit Zähneklappern hervor:

»Verschone mich, meine Schwester …«

»Ich bin tot, seit Langem bin ich tot«, sagte das Gespenst. »Ich starb aus Liebe zu dir, gern starb ich für dich. Nur der Wachtmeister Ko war mir ein wenig zu schwatzhaft. Heute habe ich mich gerächt. Seine Strafe ward ihm nun zuteil, fünfzig Bambusschläge. Jetzt wissen es alle, dass ich ein Gespenst bin. Meines Bleibens ist nicht mehr …«

Diese Worte sprechend stand sie auf, lächelte und nahm Ts'ui-ning in ihre Arme. Der Bildhauer stieß einen furchtbaren Schrei aus und fiel zur Erde. Die Nachbarn keuchten herbei. Sie fanden die Leiche des Meisters Ts'ui am Boden hingestreckt.

Und so hat sich das Geschick vollendet. Ts'ui-ning ist entführt worden von seiner toten Frau, auf dass er mit ihr *lebe*, mit ihr und den alten Eltern in unzerstörbarem Frieden, dort in der anderen Welt, wo die irdische Liebe blüht, verklärt und ewiglich.

# Die zerbrochene Laute

Yü Ch'ieh war ein berühmter Schöngeist zur Zeit der Kämpfenden Königreiche*. Er trug den Zunamen Po-ya. Obgleich er in der Hauptstadt des Könighauses Tzu, das in der Provinz Hopei residierte, Heimatrecht genoss, wirkte er als hochgestellter Magistrat am Hofe von Tsin, dem heutigen Shansi.

Als Botschafter von Tsin machte Po-ya seinen offiziellen Besuch beim Hofe von Tzu. Der Fürst von Tzu empfing ihn in Audienz und lud ihn zum Essen ein, nachdem er die Botschaft des benachbarten Fürstenhauses in Empfang genommen. Nach dem Abschluss der Zeremonien ließ es Po-ya nicht daran fehlen, die Gräber seiner Vorfahren zu grüßen, Verwandte und Freunde zu besuchen, da er ja aus diesem Land stammte. Er wagte es nicht, lange zu bleiben; denn er weilte hier in offizieller Eigenschaft. Bald verabschiedete er sich vom Fürsten, der ihm Gold und Brokat als Geschenk überreichen ließ. Der Fürst von Tzu stellte ihm auch ein geräumiges Schiff zur Verfügung, damit ihm die Mühsal der Landstraße erspart bliebe. Als die Anker gelichtet wurden, standen die Hofbeamten in großer Zahl am Kai, um Po-ya ihre Ehrerbietung zu bezeugen.

Stets aufgeschlossen für die Feinheiten der Kunst und für die Schönheit der Natur, betrachtete Po-ya während

* Drittes Jahrhundert nach Christus.

seiner Reise auf dem Fluss die unendliche Bilderfolge der Landschaft. Bald erreichte das Schiff die Mündung des Flusses Ho-yang. Es war mitten im Herbst. In der Nacht strahlte der Mond voll wundersamer Helle über der Dschunke, die am Fuß eines Berges ankerte.

Po-ya befahl seinem kleinen Pagen, die Laute auf den Tisch zu legen und Weihrauch zu verbrennen. Er selbst hob die Laute aus ihrem Kasten, stimmte sie und begann zu spielen. Auf einmal riss eine Saite und ließ so die begonnene Musik unvollendet. In seiner Überraschung befahl Po-ya den Dienern, ans Ufer zu gehen und Nachschau zu halten, ob nicht irgendein Vorwitziger zuhöre. Die Diener waren gerade im Begriff auszusteigen, als von der Höhe der Küste eine Stimme sich vernehmen ließ:

»Der hohe Herr des Schiffes hat keine Ursache, ungehalten zu sein. Ich, Euer niedriger Knecht, bin spät von meinem Tagewerk des Holzfällens zurückgekehrt. Von der herrlichen Musik gebannt, blieb ich stehen, um Euch zu lauschen.«

Po-ya brach in Lachen aus:

»Ein Holzfäller, der zu sagen wagt, er lausche dem Lautenspiel, welche Vermessenheit! Einen solchen Mann würdige ich keiner Rede. Heißt ihn weitergehen!«

Die Stimme des Holzfällers erhob sich von Neuem:

»O Herr, Euer Wort erscheint mir nicht ganz gerecht. Kennt Ihr das Sprichwort nicht: ›In einem Weiler von zehn Herdfeuern fehlt es nicht an tugendhaften Männern‹? Und das andere: ›Wenn ein Weiser zu Hause ist, dann zieht er alle Weisen an, die draußen sind‹? Wenn Eure Hoheit daran zweifelt, dass in dieser verlassenen

Berggegend ein verständnisvoller Liebhaber der Musik wohnt, wie ist es dann denkbar, dass am Fuß dieser wilden Abhänge ein Mensch die Fähigkeit besitzt, Laute zu spielen?«

Dieser Widerspruch missfiel Po-ya nicht. Im Gegenteil, er fand ihn alles andere als gewöhnlich. Er verließ seine Kajüte und sprach zum Ufer hinüber:

»Da der Weise der Küste meinem Lautenspiel zuhören mag, so muss er ein Eingeweihter sein und weiß auch, was ich soeben gespielt habe?«

Die Stimme antwortete:

»Ihr spieltet, o Herr, einen Klagesang des K'ung-fu-tze auf den Tod seines Schülers Yen Wei. Und also sagt das Lied:

Ach, allzu früh ist mir Yen Wei entschwunden,
Ich traure ... Meine Schläfen werden weiß.
Nur in der Armut hat er Kraft gefunden ...

An dieser Stelle ist eine Saite zersprungen und Ihr vermochtet nicht zum letzten Vers zu gelangen, der lauten muss:

So singt die Nachwelt seiner Tugend Preis.«

Die wissende Antwort des Holzfällers versetzte Po-ya in helle Freude. Er befahl, die Brücke niederzulassen und seinen Wortgefährten an Bord zu bringen.

Und wirklich war der heimliche Zuhörer ein Holzfäller. Er trug einen schilfgeflochtenen Hut und einen

伯牙撫琴

Mantel aus Binsen. In der Hand hielt er einen Stock, der für das Tragen der Reisigbündel bestimmt war, und an seinem Gürtel hing eine breite, flache Hacke. Die Leute von Po-ya empfingen ihn verachtungsvoll und überboten sich in den Versuchen, den Sohn der Berge aus der Fassung zu bringen:

»Geh jetzt in die Kajüte, um unserem Gebieter ordentlich zu begrüßen. Und wenn er dir Fragen stellt, dann sei recht aufmerksam und vorsichtig in deinen Antworten!«

Der Mann kümmerte sich wenig um diese Ratschläge. Ohne Hast legte er seinen Stock und seine Hacke auf die Brücke nieder und stieg in den Schiffsraum hinab. Als er Po-ya erblickte, grüßte er ihn mit gekreuzten Armen; aber er warf sich nicht vor ihm nieder.

»Seid gegrüßt, hoher Herr!«, rief er.

Die Hände emporhebend antwortete Po-ya:

»In aller Einfachheit mein würdiger Freund!«

Und er wies ihm einen Stuhl an, den der Page hinstellte. Ohne Zögern setzte sich der Holzfäller. Po-ya fuhr fort in seinen Fragen:

»Da Ihr gekommen seid, das Lautenspiel zu hören, so kennt Ihr gewiss den Erfinder dieses Instrumentes und wisst um den tiefen Sinn, der verborgen liegt in dieser Musik?«

»Da Ihr mich mit diesen Fragen ehrt, wie könnte ich es denn wagen, nicht alles auszusprechen, was ich von diesem Thema weiß?«

Und der Holzfäller begann im Gleichmaß seiner ruhigen Stimme:

»Damals in uralten Zeiten sah Prinz Fo Hsi, der – wie die Sage erzählt – das Feuer entdeckt hatte, dass ein Funkenregen von den fünf Planeten niederstürzte. Die Funken fielen ins Gezweig der Platanen, und leuchtende Phönixe setzten sich auf diese Bäume. Da erkannte er, dass das Holz der Platane, durchdrungen vom Wesen der Gestirne, der edelste Stoff sei, um daraus ein Musikinstrument zu schaffen. Er ließ einen dieser Bäume fällen und in drei Stücke schlagen. Diese drei Stücke hießen ›Himmel‹ – ›Erde‹ – ›Mensch‹. Das erste Stück gab einen zu hellen und schwebenden Ton, das dritte erklang dumpf und schwer. Nur das Mittelstück vereinigte alle Töne, die schwebenden und die dunkeln, löste die Kontraste in herrlichen Wohlklang. Es wurde zurückbehalten. Der Prinz ließ das auserwählte Holz für zweiundsechzig Tage ins Flusswasser legen. Dann hob man es heraus, damit es im Schatten trockne.

An einem Tag, dessen Vorzeichen günstig waren, wurde ein Schnitzer von großem Talent beauftragt, das Holz so zu schneiden, auf dass eine Laute daraus entstünde. Die Herstellung geschah nach dem Grundsatz der ›Musik des Jadesees‹, wo die erlauchte Königin des Westens wohnt. Die Laute maß drei Fuß, sechs und ein Zehntel Finger in der Länge, und sie entsprach den 361 Graden des himmlischen Umkreises. Acht Finger maß sie in der oberen Breite, unten aber vier, in Rücksicht auf die vier Jahreszeiten und auf die acht Feste des Jahres. Ihre Dicke betrug zwei Finger, gleich der Zweiheit von Sonne und Mond.

Der Kopf der Laute empfing den Namen ›Das Haupt des goldenen Kindes‹, der Mittelteil hieß ›Die Lenden der Tochter von Jade‹ und der verzierte Griff ›Der Rücken der Unsterblichen‹. Die beiden Hohlräume wurden ›Drachensee‹ und ›Phönixteich‹ genannt. Die Laute besaß zwölf Saitenstege, die die zwölf Monde des Jahres darstellten, und noch einen Steg dazu, im Gedanken an den Schaltmonat. Die fünf Saiten waren den fünf Elementen des Weltalls zugeordnet, dem Wasser, dem Feuer, dem Holz, dem Metall und der Erde, und sie stimmten zu den fünf Haupttönen der Tonleiter: kung, ch'iang, chiao, ch'ü und yu.

Der Kaiser Hsien sang den Gesang des Südlichen Windes und begleitete sich auf der fünfsaitigen Laute. Da ruhte großer Friede über seinem Reich. Als Prinz Wên vom Königreiche Ch'ü in Yü-lin gefangen lag, spannte sein ältester Sohn Po-yi-kao eine neue Saite auf die Laute, um seine Trauer ertönen zu lassen. Es ist die ›Saite des Wên‹. Dem Prinzen Wên folgte Prinz Wu auf den Thron. Bevor er seine Krieger gegen den Tyrannen Ch'ü in die Schlacht führte, gab er der Laute noch eine Saite hinzu, damit sie bei ihrem Erklingen seinen Heldenmut errege. Darum gibt es sieben Saiten im Ganzen, und wir nennen das Instrument ›die siebensaitige Laute‹.

Sechs Möglichkeiten sind dem Lautenspiel gefährlich: der große Frost, die große Hitze, der Sturmwind, der große Regen, der Donner und der Schnee. In sieben Fällen aber darf man niemals die Laute berühren: in der Trauer, in der Aufregung des Herzens, in der Verwirrung der Geschäfte, in der Unsauberkeit des Leibes, bei ungeordneter Kleidung, bei der Abwesenheit des Weihrauches und eines Eingeweihten.

Acht unvergleichliche Tugenden besitzt das adelige Instrument: die Frische und die Neuheit, das Einzigartige und die Grazie, das Tragische und die Kraft, das Grenzenlose und die Tiefe. Wenn sich das Spiel zur Vollendung steigert, dann hält der rasende Tiger in seinem Brüllen inne und der Affe in seinem Geplärr. Dann ist der Gipfel aller Musik erreicht.«

Po-ya hörte diese Rede mit Ehrfurcht an. Als der Holzfäller geendet, fragte er ihn:

»Groß ist Eure Kenntnis der Musik. Dann wisst Ihr auch, dass K'ung-fu-tze eines Tages Laute spielte in seinem Gemach. Auf einmal trat sein Schüler Yen Wei herein und fand die Noten schleppend und dunkel, Zeugnis einer begehrlichen und grausamen Stimmung. In seiner Überraschung fragte er den Meister nach der Ursache. Dieser sagte ihm, dass er soeben die Katze gesehen habe, wie sie eine Maus verfolgte, und dass er voller Begeisterung über den Sieg der Katze gewesen sei. So hatte diese leise seelische Spannung genügt, um der Laute einen Hauch von Gier und Mord zu entlocken. Ein Eingeweihter vermag bis zu diesem äußersten Grad die geheimen Regungen der Seele aus dem Spiel zu erraten. Nun will ich die Saiten zupfen und zugleich an etwas Bestimmtes denken. Wollt Ihr versuchen, meine Gedanken zu erfassen?«

»Erprobt es, o Herr«, antwortete der Holzfäller, »ich will Euch folgen, so gut ich kann. Und wenn es mir nicht gelingt, dann gewährt mir Verzeihung!«

Po-ya spannte eine neue Saite anstelle der zersprungenen. Er spielte und dachte an das unüberwindliche Gebirge.

»Wundervoll!«, rief der Holzfäller aus, »Eure Gedanken, erheben sich zu den höchsten Bergen.«

Von dem tiefen Wissen seines Zuhörers überwunden, schob Po-ya die Laute hinweg. Er stand auf und bat den Gast, den Ehrenplatz einzunehmen. Dann beauftragte er den Pagen, den Tee zu bereiten. Nach dem Tee bestellte er Wein. Er trank mit dem Holzfäller und fragte ihn im Laufe der lebhaften Unterhaltung:

»Dürfte ich Euren ehrenwerten Namen erfahren und den Sitz Eurer Wohnung?«

Der Gast verneigte sich und sagte:

»Ich, Euer bescheidener Knecht, heiße Tsung Wei, mein Übername ist Tsui-tzu. Ich wohne am Fuß des Ragenden Berges, im Dorf der Tugendhaften Leute. Dürfte ich meinerseits die glanzvollen Titel meines hohen Gastgebers erfragen?«

»Ich heiße Yü Ch'ieh und trage den Übernamen Poya. Als Magistrat des Hofes von Tsin kam ich in staatlichem Auftrag hierher. Trotz meiner geringen Talente genieße ich die Gunst eines Fürsten. Ihr aber, im Besitze Eurer hohen Bildung, warum habt Ihr niemals Ehren und Auszeichnungen gesucht, um dann Großes zu leisten und für die Nachwelt lebendig zu bleiben? Indem Ihr bei den Holzfällern und den Hirten lebt, werdet Ihr eines Tages mit den Pflanzen und den Bäumen verdorren. An Eurer Stelle würde ich einen Stachel im Herzen tragen.«

»Noch leben meine verehrungswürdigen Eltern«, antwortete der Holzfäller, »und außer mir lebt kein Sohn in der Familie. Es ist meine Pflicht, ihnen beizustehen mit der Arbeit meiner Hände, bis das Alter ihre Tage endet. Die höchsten Ehren eines fürstlichen Hofes vermöchten nicht einen einzigen Tag des Dienstes bei meinem Vater und bei meiner Mutter wettzumachen.«

»Wundervoll ist Eure Auffassung der Sohnespflicht; aber wie alt seid Ihr?«

»Ich habe vergeblich siebenundzwanzig Jahre gelebt«, sagte Tsui-tzu.

»Um zehn Jahre bin ich älter als Ihr. Würdet Ihr es annehmen, wenn wir uns durch Eid und Schwur verbinden, damit unsere herrliche Freundschaft unverrückbar werde?«

»Wie dürfte ich eine so vermessene Hoffnung hegen«, stammelte Tsui-tzu, verwirrt von dieser unerwarteten Gnade. »Ihr seid ein Mandarin der höchsten Klasse, in einem mächtigen Königreich, und ich, ich bin nichts als ein schlichter Landmann in dieser abgelegenen Gegend ...«

»Tausend unbedeutende Dinge muss ich in meinem Tagewerke tun. Darum ist es mir eine hohe Ehre, mit einem Mann Freundschaft zu schließen, der von so bedeutender Kultur ist wie Ihr! Der Unterschied des Standes und des Vermögens lässt mir keine grauen Haare wachsen.«

Nach diesen Worten befahl er dem Pagen, Weihrauch zu verbrennen. Die beiden Männer grüßten feierlich den Himmel und sprachen den Eid der Verbrüderung. Von nun an betrachteten sie sich als Brüder, Po-ya als den älteren, Tsui-tzu als den jüngeren. Sie tranken den neu gewärmten Wein. Ihr Gespräch, innig und vertraut, dauerte so lange, bis der Mond erblasste und die Sterne einzeln und langsam erloschen.

Im Osten wurde es hell. Die Schiffer baten um die Erlaubnis, die Anker lichten zu dürfen. Tsui-tzu stand auf und nahm Abschied von seinem geschworenen Bruder, der ihn noch zurückzuhalten versuchte:

»Ich, Euer einfältiger Bruder«, sagte Po-ya, »habe mein Herz noch nicht gesättigt an brüderlichem Zusammensein und tiefen Gesprächen. Ich möchte Euch für einige Tage auf meinem Schiff behalten. Was meint Ihr dazu?«

»Ich will nicht nein sagen, mein Bruder, aber ich darf meine Eltern nicht verlassen. Wie sagt das Sprichwort? ›Man sollte nie weit reisen, solange die Eltern leben.‹«

»So geht denn heim und fragt sie um die Erlaubnis. Nachher reist Ihr in die Hauptstadt von Tsin und kommt zu mir. Dann kann niemand sagen, Ihr hättet die Reise aus dem Stegreif beschlossen.«

»Ja, aber ich kann es Euch nicht fest zusagen. Und ein gegebenes Wort will ich nicht brechen. Wenn meine Eltern mich nicht ziehen ließen, so dürfte ich Euch in der Ferne nicht vergeblich warten lassen.«

»Mein kleiner Bruder, Ihr seid fürwahr ein gewissenhafter Mann. So sei es denn! Ich werde zum zweiten Mal kommen, an diesen Ort unserer ersten Begegnung.«

»An welchem Tag?«

Po-ya rechnete, die Finger zählend:

»Gestern war das Fest der Herbstmitte, es ist also der sechzehnte Tag des achten Mondes. Zur gleichen Zeit im nächsten Jahr werde ich hier sein.«

»Einverstanden«, antwortete Tsui-tzu, »Euer bescheidener Bruder wird Euch zur gleichen Zeit erwarten, am Ufer stehend, mit gekreuzten Armen. So lebt denn wohl!«

»Wartet noch, mein würdiger Bruder!«

Po-ya ließ sich von seinem Pagen zwei Tafeln aus Gold bringen und reichte sie dem Jüngeren mit beiden Händen.

»Es ist nur ein bescheidenes Geschenk für Eure Eltern, damit sie sich Süßigkeiten kaufen können. Wir beide, Ihr und ich, wir sind Eidesbrüder, darum dürft Ihr mir zuliebe diese Kleinigkeit nicht zurückweisen!«

Tsui-tzu musste das Geschenk annehmen. Er grüßte noch einmal seinen Freund und stieg auf die Brücke, Tränen in den Augen. Er nahm seinen Stock auf die Schulter und die Holzhacke in die Hand. Po-ya begleitete ihn bis zum Steg und schaute ihm nach, wie er stillen Schrittes das Ufer gewann.

Das Schiff glitt über die Wogen. Lang währte die Fahrt. Po-ya war niedergeschlagen, war untröstlich, weil er so überstürzt von seinem Freund sich trennen musste.

Die Jahreszeiten wechselten in ihrem Reigen. Und bald kam ein neuer Herbst in die Lande. Po-ya, in Gedanken ganz bei seinem Freund, verlangte von seinem Fürsten Urlaub, damit er seine Heimat wiedersehen könne. Er reiste auf dem gleichen Fluss wie letztes Jahr. An Bord befahl er den Schiffsleuten, das Ufer des Ragenden Berges am fünfzehnten des achten Mondes, dem Fest der Herbstmitte, zu erreichen.

Sie kamen am Abend des vorausbestimmten Tages an. Po-ya erkannte den Ort seiner Begegnung mit Tsui-tzu. Er ließ die Anker werfen. Von der Höhe der Brücke schaute er lange angestrengt zum Ufer hinüber. Doch Tsui-tzu zeigte sich immer noch nicht. Po-ya wartete noch eine Weile und sagte zu sich: »Letztes Jahr habe ich ihn mit meinem Lautenspiel angezogen, versuchen wir nun den gleichen Weg.«

Der Page stellte ein Tischchen mitten auf die Brücke und legte die Laute darauf. Po-ya hob die »Laute der köstlichen Jade« aus dem Kasten und stimmte sie. Leise begann er zu präludieren; da wurde der Gesang der Laute gestört von tragisch-dunklen Tönen, die der zweiten Saite entströmten. Der Spieler unterbrach sich schroff und schrie:

»Wie, tragische Töne?! Was ist meinem Bruder widerfahren? – Morgen muss ich aussteigen und ihn suchen!«

Po-ya schloss kein Auge während der langen Nacht. In der Morgenfrühe erhob er sich, zog sich eilig an und stieg mit dem Knaben, der die Laute trug, ans Ufer.

Der Herr und sein Page schlugen die Straße zum Dorf ein. Beim Ausgang des Tales zweigte sie in zwei Richtungen ab. Da er nicht wusste, welchen Weg er nehmen sollte, setzte er sich auf den Grenzstein und wartete, ob vielleicht ein Mensch daherkäme und ihn führe. Der Page stand hinter seinem Herrn.

Endlich erschien ein Greis zu ihrer Linken. Er schritt langsam und stützte sich auf einen Stock. Ein Korb hing an seinem linken Arm. Po-ya erhob sich, ging dem Greis entgegen und grüßte ihn. Ohne Verwirrung gab der Alte ihm den Gruß zurück und fragte:

»Was ist Euer Begehr, o Herr?«

»Ich möchte erfahren, welcher der beiden Wege zum Dorf der Tugendhaften Leute führt?«

»Alle beide«, sagte der Greis. »Zur Linken findet Ihr das Dorf der Tugendhaften Leute in der Höhe, zur Rechten das Dorf der Tugendhaften Leute in der Tiefe. Wo wollt Ihr hingehen?«

»Ich begebe mich zu Tsung Tsui-tzu«, sagte Po-ya.

Kaum hatte er diesen Namen ausgesprochen, als der Greis zu weinen anfing.

»Das ist mein Sohn, Tsui-tzu! – Letztes Jahr, an diesem Tag, ist er auf dem Heimweg von seiner Arbeit einem hohen Magistraten aus Tsin namens Yü Po-ya begegnet. Sie wurden sogleich große Freunde. Herr Yu schenkte meinem Sohne Gold. Tsui-tzu kaufte sich Bücher und begann mit großem Eifer zu studieren. Töricht, wie ich bin trotz meines Alters, habe ich nie daran gedacht, meinen einzigen Sohn zu warnen! So hörte er nie auf, sich zu überarbeiten, tagsüber durch die Fron des Holzfällens, nachts durch das Studium. Sein Gehirn und seine Glieder kannten keine Erholung mehr. Schnell war seine Kraft verbraucht, er wurde krank und starb in wenigen Monaten.«

Po-ya vermochte nicht, seine Tränen zurückzubehalten, die über seine Wangen rannen. Wildes Schluchzen schüttelte seinen Leib. Den eigenen Tränenstrom beherrschend wandte sich der Greis an den Knaben und fragte ihn, wer dieser Herr wohl sei? Der Page flüsterte ihm ins Ohr:

»Es ist der hohe Herr Yü Po-ya persönlich.«

Der Vater senkte sein Haupt:

»Er ist also der Freund meines Sohnes.«

Und trotz seines Schmerzes begann er nach besten Kräften den schluchzenden Po-ya zu trösten. Dieser wurde endlich ruhiger und grüßte von Neuem den Greis, so wie ein Sohn den Vater grüßen würde. Der Alte sprach:

»Ich danke Euch, dass Ihr meinem ärmlichen und niedrigen Stand keine Verachtung gezeigt habt. Als mein Sohn seinen Atem aushauchte, flüsterte er: ›Verzeiht mir, mein Vater, dass ich meine Sohnespflicht nicht mehr erfüllen kann! Begrabt mich nach meinem Tod am Fuß des Ragenden Berges. So werde ich das Wort halten, das ich Yü Po-ya gegeben habe.‹ Es geschah so, wie der Verstorbene gewollt hat. Am Rande des Weges, der Euch bis hierher gebracht, hättet Ihr einen ganz frischen Grabhügel sehen können: Es ist das Grab meines Sohnes. Heute vor hundert Tagen ist er gestorben. Ich bin unterwegs mit Sapeken aus Papier, um sie auf seinem Grabe zu verstreuen. Wie ist es möglich, dass ich Euch gerade hier begegnen musste?«

»Weil es so geschehen ist, gehe ich mit meinem Vater, damit ich das Grab meines Bruders grüßen kann«, sagte Po-ya.

Er befahl dem Knaben, den Korb des alten Tsung zu tragen, der ihnen, auf seinen Stab sich stützend, voranging. Sie drangen wiederum ins Tal ein. Und wirklich stand ein frischer Grabhügel da, zur Linken des Weges, Po-ya zupfte an seinem Gewand, warf sich vor dem Grabe nieder und sagte unter Tränen:

»Mein Bruder, du warst so klug in deinem Leben, darum darf deine Seele nicht verwehen nach deinem Tod. Ich grüße dich und es ist ein Abschied für die Ewigkeit!«

Lange noch weinte der Mandarin, bevor er sich erhob. Vor dem Grab war ein Steintisch für die Opfernden aufgerichtet. Po-ya machte dem Knaben ein Zeichen und hieß ihn, die Laute dorthin zu legen. Dann setzte er sich zur Erde, kreuzte die Beine und spielte. Als die Musik verhallt war, fragte er den Greis:

»Wisst Ihr, mein Vater, was ich gespielt habe?«

»Als ich jung war, spielte ich nicht schlecht auf der Laute. Das Alter hat meine Sinne abgestumpft, und seit Langem verstehe ich nichts mehr von Musik.«

»Es ist«, sagte Po-ya, »eine kleine Elegie, die ich jetzt erdacht habe. Höret zu:

Vor einem Jahr auf diesem Strome
Erblühte unsre Freundschaft. Heute
Kehr' ich zurück zu dir, doch nimmer
Find' ich den Freund, der meine Seele
In ihren tiefsten Tiefen kannte.
Nur dieses Grab steht da im Tale.
Wie weh ist mir! – Die Tränen fließen …
Seit wir uns sahen, war ein jedes,
Das kleinste Ding verwandelt … Düstre
Und lange Wolken ziehn am Strande.
Tsui-tzu, was ist aus unsrer Freundschaft,
Die heller war als Gold, was ist wohl
Aus unserm Glück von einst geworden? –
Ach, unter welchem Horizont
Find' ich, von nun an, einen Freund?
Nie wieder klingt mein Saitenspiel –
Denn meine Laute stirbt mit dir!«

Langsam erhob sich Po-ya, ergriff die Laute mit beiden Händen und schleuderte sie gegen den Opfertisch aus Stein.

Aufschluchzend flog das kostbare Instrument in tausend Splitter …

# Die Reise ins Innere einer Schlummerrolle

Im Jahr sieben der Epoche Ch'iai-yüan, etwa um 712 bis 741, irrte ein Eingeweihter des Taoismus, bekannt unter dem Namen Vater Lü, in der Gegend von Han-tan umher. Eines Tages rastete er in einer Herberge. Er setzte sich auf den Boden und stützte sich – nachdem er die Kappe abgenommen und den Gürtel gelockert hatte – auf seinen Reisesack. In diesem Augenblick trat ein junger, bäuerlich gekleideter Mann herein. Es war der junge Lu, der sich heute wie jeden Tag nach der Feldarbeit hier aufhielt. Er setzte sich neben den Mönch auf die gleiche Matte und knüpfte mit ihm ein geistreiches und fröhliches Gespräch an. So verging einige Zeit. Da warf der junge Mann unvermittelt einen traurigen Blick auf sein schlichtes und krauses Gewand und sagte mit einem langen Seufzer:

»Wenn man bedenkt, dass ich für den Wohlstand geboren bin und gar kein Glück im Leben habe! – Ich bin verzweifelt.«

Der alte Taoist wunderte sich und sprach:

»Ihr scheint zu leiden. Sagt, was mag wohl die Ursache Eurer Seufzer sein?«

»Ich schleppe mein Leben dahin, das ist alles. Wo sind meine Freuden?«, wiederholte starrköpfig der junge Mann.

»Wenn Ihr dieses Leben freudlos nennt, was erwartet Ihr denn, um glücklich zu sein?«

»Ein gebildeter und feinsinniger Mann muss im Leben große Leistungen vollbringen, muss sich einen Namen schaffen«, fuhr der junge Lu mit tiefem Ernst fort. »Ja, er muss Feldherr einer Armee werden oder Ministerpräsident des Kaiserreiches. Er darf sozusagen nur aus dem Regierungstopf essen, er darf nur einer erlesenen und wohllautenden Musik sein Ohr erschließen. Es ist notwendig, dass seine Familie, dass seine Güter blühen und gedeihen. Nur dann hat er das Recht, von Freuden zu sprechen …

Schon als Knabe vertiefte ich mich mit Fleiß und Klugheit in meine Studien. Ich bin vielseitig begabt, glaubt es mir. Es gab eine Zeit, da meinte ich, ohne Schwierigkeiten die höchsten Würden in der Welt der Magistraten erwerben zu können. Jetzt bin ich zum Mann geworden. Was habe ich erreicht? – Nichts! Ich plage mich auf den Feldern ab. Ist das nicht jämmerlich?«

Ein langes Schweigen folgte dieser Rede. Dann bemächtigte sich des jungen Mannes schwere Müdigkeit und das Bedürfnis, einzunicken. Unterdessen kochte der schweigsame Herbergsvater Schmorfleisch mit Mais. Der alte Mönch zog eine Schlummerrolle aus seinem Reisesack und schob sie dem Gefährten hin:

»Stützt Euch auf meine Schlummerrolle; dann werdet Ihr zu Ruhm und Wohlstand gelangen. Nehmt sie ohne Hemmung!«

Es war eine Schlummerrolle aus Porzellan, blau bemalt und im Innern hohl. Der junge Lu legte seinen Kopf darauf und bemerkte, dass die Öffnung von Minute zu Minute größer wurde, groß über alles Maß. Er stand auf, ging hinein in dieses Tor und befand sich so auf die natürlichste Weise der Welt – in seinem eigenen Haus.

Es vergingen mehrere Monde. Er heiratete ein junges Mädchen aus der Familie Ts'ui, die aus dem Land Tsingho stammte. Sie war von großer Schönheit. Sein Wohlstand wuchs mit Windeseile. Leicht und froh schlug das Herz des jungen Lu. Seine Kleider und Karossen blinkten immer frisch und neu, so wie er es stets gewünscht hatte.

Im nächsten Jahr meldete er sich für die öffentlichen Prüfungen und bestand sie gut. Nun durfte er die plebejischen Kleider ablegen und die Insignien der Staatsbeamten tragen. Dann kamen die kaiserlichen Prüfungen an die Reihe; auch hier winkte ihm der Sieg. Infolgedessen wurde er zum Unterpräfekten von Weinan und wenig später zum kaiserlichen Zensor ernannt. Bald stand er an der Spitze der höchsten Würdenträger des Reiches, nachdem er zum Ordonnanz-Offizier des Monarchen befördert worden war. In dieser Eigenschaft formulierte er die kaiserlichen Edikte. Drei Jahre später reiste er von Neuem in die Provinz, mit dem Rang eines Statthalters. Von Ruhmgier getrieben, ließ er in der Provinz Shansi einen Kanal ausheben, in der Länge von achtzig Li, um die Schifffahrt zu erleichtern. Die Bevölkerung zog großen Nutzen daraus. In Dankbarkeit ließ sie ein Denkmal aufrichten »zu Ehren des wohltätigen Statthalters«.

Nach Ablauf seiner Amtsperiode als Statthalter und Generalinspektor mehrerer Provinzen wurde er endlich Präfekt der Hauptstadt. In diesem Jahr bereiteten dem

Kaiser die wilden, noch nicht unterworfenen Völkerschaften des Westens große Schwierigkeiten. Der ehrgeizige Herrscher ergriff mit Begierde diesen Anlass, sein Reich zu vergrößern. Die Aufständischen aber rückten weiter vor; sie besetzten eine wichtige Grenzstadt und ermordeten den Oberbefehlshaber. Der Kaiser hielt Umschau nach einem Mann, der für die Führung der Truppe befähigt war. Er übertrug Lu den Oberbefehl in der gefährdeten Zone und verlieh ihm den Titel eines Staatssekretärs. Der Feldherr Lu brächte den Eindringlingen nicht ohne Mühe und Opfer eine Niederlage bei und eroberte dem Monarchen ein Gebiet von neunhundert Li. Er ließ auf den strategisch wichtigen Stellen drei große befestigte Städte erbauen. Die Bevölkerung der Grenze, befreit vom Alpdruck der Invasion, errichtete auf dem Berg Chiu-yen eine Marmorsäule, »zu Ehren des Siegers«.

Lu kehrte an den Hof zurück und wurde überschüttet mit kaiserlichen Gunstbeweisen. Die anderen Mandarine erbleichten vor Neid. Er rückte nun zum Innenminister, dann zum Finanzminister und zuletzt zum Kanzler des Reiches vor. Die öffentliche Meinung hielt große Stücke auf ihn, man liebte und verehrte ihn sichtbar. Der Glanz des Emporkömmlings verletzte manchen alten Magistraten, besonders den damaligen Ministerpräsidenten. Dieser nahm sich vor, den Schwung des frechen Rivalen zu brechen. Es gelang ihm, einen heimtückischen Feldzug der Verleumdung gegen den Kanzler anzuzetteln und ihn in den Anklagezustand zu setzen. Der Erfolg ließ nicht auf sich warten. Lu wurde abge-

setzt und als gewöhnlicher Präfekt in eine weit entfernte Gegend verschickt.

Drei Jahre später rief man ihn wieder an den Hof zurück, damit er dort die Amtsgeschäfte als ständiger Sekretär des Kaisers führe. Bald trug er die hohe Verantwortung aller staatlichen Angelegenheiten auf seinen Schultern und rückte zum Mitglied des Kaiserlichen Rates vor. Er stand auf diese Weise während zehn Jahren auf dem Gipfel seiner Macht. Es geschah oft, dass die Geheimbefehle des Kaisers mehrmals am Tag unmittelbar an ihn gingen. Jeder Plan der großen Politik war ihm sofort nach seiner Gestaltwerdung bekannt. Unterdessen blühte das Reich, und er genoss den Ruf eines hervorragenden Ministers.

So viel Erfolg forderte noch einmal das Schicksal heraus. Die eifersüchtigen Kollegen wollten Lu um jeden Preis verderben, und zwar endgültig. Sie erhoben die Anklage gegen ihn, dass er mit einem Rebellenführer, dessen Mannschaft sich soeben nahe der Grenze erhoben hatte, unter einer Decke stecke. Der Herrscher erließ einen Haftbefehl gegen ihn. Die Offiziere und die Palastwache führten ihn wie einen gewöhnlichen Verbrecher ins Gefängnis.

Entsetzt und außer sich ahnte Lu das Allerschlimmste. Im Augenblick der Festnahme vergoss er bittere Tränen vor seiner Gemahlin.

»Einst besaß ich ein Dach über dem Kopf, damals in den Feldern von Shang-tang, schluchzte er. »Fruchtbare Erde gehörte mir, mehr als genug zum Leben. Warum, ach warum war ich nicht zufrieden mit dem Meinigen?

Warum habe ich mich gequält, um den Ehren und dem Ruhm nachzulaufen? – Da stehe ich nun! – Was gäbe ich darum, wenn ich die grobe Weste des Bauern wieder anziehen könnte, wenn ich, fröhlich wie einst, auf meinem blauen Steppenpferdchen auf der Straße nach Han-tan reiten dürfte! Dies alles kehrt niemals wieder …«

Als er diese Abschiedsworte gesprochen, zog er sein Schwert und versuchte sich die Kehle durchzuschneiden. Seine Frau fiel ihm in den Arm.

Die übrigen Angeklagten des Komplotts wurden alle zum Tode verurteilt und hingerichtet. Nur Lu entrann der Todesstrafe, dank dem Ränkespiel der Eunuchen. Man sandte ihn nach Huan-chao in die Verbannung.

Viele Jahre rannen dahin. Endlich konnte seine Unschuld vor dem Kaiser bewiesen werden. Dieser löschte sofort seine Ungnade aus und gab ihm das Amt des Staatssekretärs zurück unter Verleihung des Ehrentitels »Fürst von Yen-kuo«. Von nun an hörte der Herrscher nicht auf, Lu mit ungewöhnlichen Gunstbeweisen zu überschütten. Der hohe Magistrat musste die finstere Kehrseite der Gnade nicht mehr erleben.

Er hatte fünf Söhne, alle hochbegabt, und sie nahmen wichtige Stellungen in der Verwaltung ein. Der Jüngste zeichnete sich besonders aus. Schon mit achtundzwanzig Jahren wurde er Minister. Die Brüder Lu schlossen Heiratsverträge mit den vornehmsten Familien des Kaiserreiches. Das Glück des alten Lu fand seine Krönung in zehn prächtigen Enkelkindern.

So stand er im höchsten Glanz der Ehre und des Wohlstandes. Seine Laufbahn als Staatsmann hatte länger als fünfzig Jahre gedauert. Auf diesem langen Weg hatte er zweimal die Verbannung und die gefährlichste Ungnade erleiden müssen. Das Schicksal fügte es, dass er nach jedem Sturz in den Abgrund Mittel und Wege fand, um sich aufzurichten und wieder auf der politischen Bühne zu erscheinen. Von Natur liebte er das Vergnügen und neigte – fantasievoll wie er war – zu Extravaganzen. In seinem Frauenhaus lebten die berühmtesten Schönheiten seiner Zeit. Und wie oft hatte er aus der Hand des Kaisers reiche Ländereien, herrliche Schlösser, schöne Pferde und schöne Frauen als Geschenk bekommen! – Wer könnte diese Gnadenfülle ermessen?

Die Jahre lasteten auf ihm. Inständig bat er den Kaiser um seine Entlassung, die ihm nie gewährt wurde. Eines Tages erkrankte er schwer. Die Eunuchen, die auf Befehl des Kaisers Nachrichten von seinem Krankenlager einholen mussten, drängten sich auf der Straße. Berühmte Ärzte, kostbare Heilmittel, alles wurde für seine Heilung aufgeboten und eingesetzt; dennoch nahte der Tod mit raschen Schritten. Am Vorabend seines Erlöschens sandte Lu eine Abschiedsbotschaft an den Kaiser, die er in folgende Worte gekleidet hatte:

»Ich, Euer gehorsamer Diener, war einstmals ein einfacher Student aus Shang-tang, mit nichts anderem beschäftigt als mit Ackerbau und Gartenpflege. Das Glück wollte es aber, dass ich, von den hohen Geschicken des Kaiserreiches berührt, in der Rangordnung der Staatsbeamten immer höher schreiten durfte. Dann habe ich dank der himmlischen Gnade, die in keinem Verhältnis zu meinen bescheidenen. Verdiensten steht, die höchsten Ämter der Regierung und der Armee während vieler Jahre innegehabt. Die Furcht, ich könnte Eurer himmlischen Güte nicht würdig sein oder Eurer weisen Herrschaft entbehrlich werden, diese Furcht ließ mir während meines ganzen Lebens kein Ausruhen übrig … Dieser Gedanke marterte mich Tag und Nacht, bis das Alter seine Rechte geltend machte. Der Reigen der Stunden und der Tage wird morgen für mich innehalten in seinem Laufe. Habe ich, als achtzigjähriger Greis, meinen bis zur letzten Fiber verbrauchten Nerven und Knochen eine einzige Träne nachzuweinen? Dennoch bohrt ein Zweifel in meinem Gewissen, er bleibt wach, bis ich meinen letzten Seufzer ausgehaucht habe: Ich zweifle daran, dass ich meine Pflichten Eurer Herrlichkeit gegenüber gut genug erfüllt habe. So muss ich denn, gegen meinen Willen und für ewig, Eure große Herrschaft verlassen. Ich sterbe mit einem grenzenlosen Gefühl der Ehrfurcht und der Dankbarkeit.«

Am nächsten Morgen gewährte ihm der Kaiser diese Antwort:

»Ihr seid – begabt mit unvergleichlichen Fähigkeiten – mir stets ein Mitarbeiter ersten Ranges gewesen. Während vieler Jahre habt Ihr die Unverletzlichkeit der Grenzen und den Frieden im Kaiserreich verbürgt. Kraft Eurer unablässigen Hingabe kam meine Herrschaft zu blühender Entfaltung, niemand hätte es für möglich gehalten, dass sie so schwere Folgen haben könnte. Ich drücke Euch mein Mitgefühl aus und beauftrage sogleich den Oberbefehlshaber der kaiserlichen Reiterei, Kao, mich an

Eurem Krankenlager zu vertreten. Pflegt und schont Euch gut, aus Liebe zu mir, Eurem Herrn, und lasst die Hoffnung auf rasche Genesung nicht entgleiten!«

Am gleichen Abend tat der Greis seinen letzten Atemzug.

Der junge Lu erwachte, seine Glieder streckend. Er blickte blinzelnd in die Runde und bemerkte, dass er immer noch in der Herberge und auf der gleichen Matte lag. Rechts von ihm saß der alte Mönch, aufrecht, schweigsam. Er saß unbeweglich da wie ein steinernes Götterbild aus uralter Zeit. Noch immer kochte der Mais des Wirtes auf dem Herd. Nichts hatte sich in der Herberge verändert. Mit einem Satz sprang der junge Mann vom Boden auf, hielt sich die Schläfen mit seinen Händen und fragte erregt:

»Habe ich geträumt?«

Ruhig sagte der Mönch, als spräche er zu sich selber: »So und nicht anders verläuft der Weg, den man das Große Glück des Lebens nennt.«

Lange verharrte der junge Mann in seinem Staunen, lange blieb sein Herz ohne Tröstung. Dann dankte er dem Weisen mit bebender Stimme:

»Alle Wege, die zu Triumph und Ehre, alle Wege, die zur Erniedrigung führen, die Zufälle des Glückes und der Verzweiflung, die Ursachen des Erfolges und der Niederlagen, das tiefe Wissen und das Gefühl vom Leben und vom Tod, dies alles – glaub' ich – habe ich nun erfahren und erprobt. Ich habe verstanden … Und darum, o Meister, ist es Euch gelungen, meine Luftschlösser fortzublasen. Wie dürfte ich es wagen, Euren Unterricht jemals zu vergessen?«

Und er grüßte den Vater Lü, indem er mehrmals bis zum Boden sich verneigte. Dann ging er hinaus und wanderte in den sinkenden Abend.

# Das Leben der schönen Kurtisane Li Wa

Die Dame von Pin-k'uo, vor ihrer Erhebung in den Adelsstand Fräulein Li Wa geheißen, war einst Kurtisane in Ch'ang-an. Ihre Vorzüge waren so ungewöhnlich, dass ich mir die Aufgabe gestellt habe, die wundersame Geschichte ihres Lebens mit meinen Pinselzügen festzuhalten.

Der Präfekt von Chiang-chao, Fürst von Yün-yang, dessen Namen ich aus Respekt verschweige, genoss zu seiner Zeit hohes Ansehen. Zahlreich waren die Glieder seiner Familie; aber erst in seinem fünfzigsten Jahr erlebte er die Volljährigkeit seines Sohnes. Dieser stach mit seiner literarischen Begabung hervor und überragte viele seiner gleichaltrigen Kameraden. Alle zollten ihm Bewunderung. Sein Vater liebte ihn so sehr, dass er sagte:

»Er ist das Wunderfüllen der Familie und wird an einem Tag tausend Stadien im Sprung nehmen!«

Als Kandidat für die Reifeprüfung bereitete der Sohn seine Reise nach Chiang-an vor, der Hauptstadt des Reiches. Sein Vater stattete ihn fürstlich aus, und nachdem er die Summe für den Lebensunterhalt in der Hauptstadt ausgerechnet hatte, sagte er ihm:

»Ich setze mein ganzes Vertrauen in deine Fähigkeiten und glaube, dass du an einem einzigen Wettstreit teilzunehmen brauchst, um zu siegen. Auf alle Fälle gebe ich dir einen Geldbeutel mit, der dir für zwei Jahre ein bequemes und unabhängiges Leben sichert.«

Der junge Student war sehr selbstbewusst und hegte die Meinung, dass es ebenso leicht sei, im Examen Erfolg zu haben wie mit dem Finger die eigene flache Hand zu zeigen. Nach einer Reise von zwei Monaten langte er in der Hauptstadt an und ließ sich im Quartier der Laufenden Geschäfte nieder.

Eines Tages, auf dem Heimweg vom Östlichen Markt, ritt er durch das Tor Friede und Sicherheit mit dem Vorsatz, einen Freund zu besuchen, der im südwestlichen Teil der Stadt wohnte. Als er die Straße der Klingenden Jade überquerte, fiel sein Blick auf ein Haus, dessen Pforte und Vorhof zwar schmal waren, aber wohlgebaute und ausgedehnte Gebäudeteile erraten ließen. Auf der Schwelle stand eine junge Dame, begleitet von ihrer kleinen Dienerin mit fallenden Zöpfen. Sie war von blendender Schönheit. Ihre Anmut und ihre Reize hatten in diesem Jahrhundert wohl nicht ihresgleichen. Vor diesem Wunderbild brachte der Student sein Pferd zum Stehen; er verharrte zögernd, unentschlossen. Absichtlich ließ er seine Reitgerte fallen und wartete die Ankunft seines Begleiters ab, um sie aufheben zu lassen. Er konnte seine Augen nicht von der schönen Dame wenden, deren Blick, aufmerksam und tief, dem seinen mit Bewunderung zu antworten schien. Bald aber musste er sich entschließen, sie zu verlassen. Er hatte es nicht gewagt, ein einziges Wort an sie zu richten.

Von dieser Stunde an war es um die Vernunft des Jünglings geschehen. Unauffällig lud er jene Freunde zu sich, die die Hauptstadt am besten kannten, und erkundigte sich bei ihnen, wer das schöne Mädchen wohl sein könnte.

»Das Haus, in dem deine Angebetete wohnt, gehört einer gewissen Dame Li, die Liebe und Schönheit zu ihrem Gewerbe macht und viele Gäste empfängt.«

»Habe ich wohl Aussichten, die Tochter zu gewinnen?«

»Diese Frau Li ist sehr wohlhabend; denn sie steht mit adeligen und reichen Personen in Beziehung. Nur um den Preis von vielen Tausend Goldstücken wird das Mädchen bereit sein, dich zu empfangen.«

»O, wenn ich sie nur besitze! Und müsste ich eine Million für sie opfern!«

Eines Tages zog er sein kostbarstes Gewand an und ging, von einer stattlichen Dienerschaft begleitet, vor das Haus Li und klopfte ans Tor. Nach einer kurzen Zeit des Harrens öffnete ihm eine Dienerin.

»Dürfte ich erfahren, wem dieses Haus gehört?«, fragte der Student.

Ohne zu antworten, rannte die Dienerin ins Innere und schrie:

»Hier ist der junge Herr, der gestern seine Reitgerte fallen ließ!«

Er hörte die Stimme der jungen Dame, die hell und freudig ausrief:

»Er möge sich noch eine Weile gedulden. Ich will mich rasch umkleiden, damit ich ihn empfangen kann.«

Mit klopfendem Herzen ließ sich der Jüngling zu einem Wandschirm führen, in dessen Nähe ihn eine Dame mit weißen Haaren und gekrümmtem Rücken erwartete. Es war die Mutter des Mädchens. Mit tiefer Verbeugung begrüßte er sie und sagte:

»Ich habe vernommen, dass Ihr eine Wohnung vermieten möchtet. Verhält es sich wirklich so?«

»Ich fürchte, dass die Wohnung zu klein und zu ländlich ist, um einem so vornehmen Herrn zu gefallen. Wie dürfte ich wohl von einer Miete sprechen?«

Mit diesen Worten lud sie den Studenten ein, ihren prachtvoll ausgestatteten Salon zu betreten. Sie setzte sich dem Besucher gegenüber und fuhr fort:

»Ich habe eine Tochter, die jung und hübsch ist, aber noch sehr wenig weiß von der Welt. Sie wird entzückt sein, Euch kennenzulernen.«

Sie ließ ihre Tochter rufen. Sie trat ein. Berückende Eleganz lag in ihrem Schreiten. In ihren Augen brannte solches Feuer, ihre Arme schimmerten so weiß und duftig, um ihre Gestalt floss so lichte Anmut, dass der Jüngling von seinem Stuhl aufsprang und die Augen vor dieser bezaubernden Erscheinung niederschlug. Zögernd kam ein Gespräch über alltägliche Dinge in Gang, und langsam wurde es dem Jüngling bewusst, dass er noch nie einem solch holdseligen Mädchen begegnet war.

Sie setzten sich alle und die Dame des Hauses ließ in erlesenem Geschirr Wein und Tee servieren.

Der Tag verdunkelte sich, die Dämmerung nahte. Und bald verkündeten Trommelschläge den Feierabend. Die alte Dame erkundigte sich, ob die Wohnung des Besuchers weit entfernt gelegen sei. In der Hoffnung, dass er noch zurückgehalten werde, log er und nannte einen ferngelegenen Stadtteil:

»Ich wohne viele Meilen außerhalb des Tores Ewiger Friede«, sagte er.

Die alte Dame aber tat, als ob sie seine kleine List nicht merkte, und fügte hinzu:

»Die Trommel wurde schon geschlagen. Eilet, damit Ihr noch vor Torschluss nach Hause kommt!«

»Ich bin glücklich, dass ich mich bei Euch so lange aufgehalten habe«, sagte der Jüngling. »Ich sah nicht einmal, dass es Abend wurde. Wie unangenehm ist es, jetzt nach Hause zu gehen. Der Weg ist weit. Ich habe keine Verwandten im Umkreis der Stadt. – Was soll ich tun?«

Da griff das junge Mädchen ein:

»Ihr habt ja die Ärmlichkeit und das kahle Aussehen unseres Hauses nicht bemerkt und wolltet sogar bei uns wohnen. Würde es Euch da sehr schwer fallen, eine Nacht unter unserem Dach zu verbringen?«

Bevor er antwortete, suchte er ängstlich im Gesicht der alten Dame zu lesen, aber ungeduldig sagte die Tochter:

»Ihr bleibet also!«

Der Student befahl seinen Dienern, zwei Ballen Seide zu bringen, denn er wollte das kommende Fest des Abends bezahlen. Das Mädchen hielt ihn lachend zurück:

»Wir können Euch nicht auf diese Weise empfangen! – Es ist uns ein Vergnügen, die Ausgaben des heutigen Abends selber zu übernehmen. Bescheidene Gastgeber, die wir sind, teilen wir unser kärgliches Mahl gerne mit Euch und bitten, Eure Seide für einen anderen Tag zu bewahren.«

Der junge Mann bestand auf seinem Vorsatz, aber vergeblich. Sie richteten sich nun im Saal des Westens ein.

Möbel und Tapisserien leuchteten luxuriös und waren von feinstem Stil. Auf dem Bett, auf dem Frisiertisch, überall wohnte Üppigkeit. Das Souper wurde beim Schein flammender Kandelaber gebracht. Die Gänge folgten sich, reich und anregend zubereitet.

Als die Mahlzeit beendet war, erhob sich die alte Dame. Langsam kam die Unterhaltung der Verliebten in Schwung. Lachen und Scherze jagten sich wie holde Arabesken auf einem kostbaren Teppich, der lächelnd entrollt wird. Der Jüngling sagte:

»Gestern war es, da ritt ich an Eurem Hause vorbei. Welch ein Zufall! Ich sah Euch auf der Schwelle stehen, und von diesem Augenblick an hatte mein Herz keine Ruhe mehr. Ich dachte immerfort an Euch, immerfort, beim Essen, beim Lesen, bis tief in die Nacht hinein.«

»Mein Herz ist nicht weniger rastlos«, gestand das junge Mädchen.

»Wenn ich heute gekommen bin, so geschah es eigentlich nicht, um eine Wohnung zu mieten; ich kam, um meine große Sehnsucht zu stillen. Wer weiß, ob ich ...«

Mitten im Satz wurde er von der alten Dame unterbrochen, die soeben eingetreten war. Sie fragte, was der Besucher gesprochen habe und wurde von allem genau unterrichtet. Da lachte sie und rief aus:

»Groß ist das Verlangen, das Mann und Frau zueinander treibt. Wenn die Liebe von uns Besitz genommen hat, dann verblasst sogar die Macht des elterlichen Willens. Verdient meine schlicht geborene Tochter es wirklich, Eurer Herrlichkeit das Kissen zu bereiten und sich in Eure Arme zu werfen?«

Bei diesen Worten sprang der Student von seinem hohen Stuhl herunter und begrüßte die alte Dame mit den Worten:

»Verfügt über mich; ich bin der Eure …«

Die Mutter nannte ihn nun ihren Schwiegersohn und alle drei feierten trinkfreudig bis zum Rausch der tiefen Nacht.

Am nächsten Morgen ließ der Jüngling sein ganzes Gepäck bringen und richtete sich ein im Haus Li. Von nun an erschien er nicht mehr unter den Menschen; weder seine Eltern noch seine Freunde erhielten das geringste Lebenszeichen. Alle drei, der junge Mann, die Mutter und das Mädchen taumelten von Tag zu Tag, in Gesellschaft von Sängern, Sängerinnen und Menschen der Halbwelt, die mit ihnen im Laster untertauchten. Eines Tages war seine Börse leer, er musste seine schönen Pferde verkaufen und seine Leute entlassen. Das ganze Treiben hatte länger als ein Jahr gedauert; nun waren seine Mittel erschöpft, alle Schätze vertan, die Tiere und die Diener verschwunden. Bald wollte die alte Dame nichts mehr von diesem Zustand wissen. Die Liebe des jungen Mädchens aber steigerte sich zu leidenschaftlicher Hingabe. Eines Tages flüsterte sie ihrem Geliebten zu:

»Nun kennen wir uns schon ein Jahr und noch immer habe ich kein Kind von dir. Ich hörte sagen, dass die Gottheit des Bambuswäldchens den Gebeten Liebender so schnell antworte wie das Echo der Stimme. Willst du mit mir kommen, um Opfergaben zu bringen und zu beten?«

Der Jüngling, nichts Böses ahnend, stimmte begeistert zu. Er verpfändete seine Kleider und bekam Opferspenden dafür. Dann ging er mit seinem Mädchen auf die Pilgerfahrt. Er folgte dem Wagen seiner Geliebten auf dem Rücken eines Esels. Als sie in der Stadt angekommen waren, sagte sie ihm:

»Hier zur Rechten, in dieser kleinen Straße, wohnt meine Tante. Wollen wir sie nicht besuchen?«

Er war einverstanden. Als sie hundert Schritte gefahren waren, tauchte ein Torweg auf, der einen großen Innenraum erraten ließ. Hinter dem Wagen winkte eine Dienerin dem Jüngling zu:

»Man kommt.«

Er sprang von seinem bescheidenen Reittier. Jemand trat aus dem Haus und fragte ihn:

»Um wen handelt es sich hier?«

»Um Fräulein Li«, antwortete der Student.

Der Diener kündete die Besucher an. Kurz darauf schritt eine Dame von etwa vierzig Jahren aus dem Haus. Sie wandte sich an den jungen Mann wie an einen Knecht:

»Meine Nichte ist also da? – Wo ist sie?«

Die junge Frau stieg aus ihrem Wagen und die Hausbesitzerin empfing sie mit den Worten:

»Warum hast du uns so lange auf deinen Besuch warten lassen?«

Die beiden Frauen schauten sich an und brachen in Lachen aus. Fräulein Li stellte der Dame ihren Freund vor, der sich tief verbeugte. Dann wurden sie in einen Seitenhof geführt, dessen Tor von Lanzen überragt war.

In diesem Hof standen künstliche Felsen, auf deren Gipfel im Schatten von dichtem Bambus ein Gartenhäuschen träumte. Lange Galerien führten um einen leise schimmernden Teich. Dieser Garten erweckte eine reizvolle, eine gelassene und lyrische Stimmung. Der Jüngling hauchte dem Mädchen zu:

»Ist dies die Privatwohnung deiner Tante?«

Die junge Frau antwortete nicht und sprach lachend von anderen Dingen. Man brachte Tee und seltene Früchte. Kaum hatten sie Zeit gefunden, die erste Tasse zu leeren, als ein Mann, schweißbedeckt, auf einem prachtvollen Tatarenpferd ansprengte. Er sagte Fräulein Li, dass ihre Mutter schwer erkrankt sei und keinen Menschen mehr erkenne. »Kehrt sofort nach Hause zurück!«

Da wandte sich die junge Frau an ihre Tante:

»Mein Herz lässt mich im Stich … Ich will sofort ein Pferd besteigen und heimreiten. Dann sende ich Euch das Pferd zurück, damit Ihr, liebe Tante, mit dem jungen Herrn nachkommen könnt.«

Der Jüngling wollte mit Li fortgehen. Aber die Tante hielt ihn am Tor zurück, indem sie mit lebhaftem Gebärdenspiel auf ihn einredete:

»Die alte Dame wird sicher sterben. Ich will mit Euch die Einzelheiten der Bestattung besprechen. Es ist dringend. Ihr müsst unbedingt noch hierbleiben!«

So blieb der junge Mann. Man berechnete eifrig die Kosten des Leichenbegängnisses. Die Sonne sank und noch immer kehrte das Pferd nicht zurück. Die Tante wurde unruhig:

»Es kommt niemand zurück. Geht, junger Herr, und seht nach dem Rechten. Ich komme gleich nach!«

Der Student strebte in aller Eile dem Haus Li zu. Als er bei Anbruch der Nacht dort antrabte, stellte er mit grenzenlosem Erstaunen fest, dass die Torflügel zwiefach verriegelt und die Schlüssellöcher mit Töpfererde versiegelt waren! Auf seine Fragen antwortete ein Nachbar:

»Die Familie Li hatte dieses Haus nur gemietet. Jetzt mussten die beiden Frauen ausziehen. Der Eigentümer ist wieder zurückgekehrt. Schon vor zwei Tagen hat die alte Dame das Haus verlassen.«

»Wo ist sie hingegangen?«, flehte der Jüngling.

»Ich habe keine Ahnung.«

Er wollte sofort zu der Tante zurückreiten, um sie zu fragen; aber es war tiefe Nacht. So aß er denn auf Kredit eine bescheidene Mahlzeit und mietete eine Schlafstelle für diese Nacht. Aufgeregt und mit brennenden Augen wälzte er sich auf dem Lager. Im Morgengrauen machte er sich auf den Weg und trieb seinen Esel mit vielen Schlägen an. Vor dem Haus der Tante pochte er aufgeregt ans Tor. Die Zeit verging, niemand antwortete. Da begann er mit der Kraft der Verzweiflung zu schreien. Endlich schlurfte ein kleiner Hausbeamter heran. Der Jüngling rief ohne Umschweife:

»Ist die Tante zu Hause?«

»Niemand wohnt hier.«

»Sie war doch gestern da! Warum versteckt sie sich?«

Der Diener zuckte die Achseln.

»Wem gehört das Haus?!«

»Es ist die Besitzung des Herrn Ts'ui, des ehemaligen Ministers. Gestern kam jemand, um diesen Park für einen Tag zu mieten. Die Leute sagten – wenn ich mich nicht irre –, dass sie Verwandte empfangen wollten, die eine große Reise zurückgelegt hätten. Am Abend sind alle wieder fortgegangen.«

Der Jüngling war wie vom Blitz geschlagen; dann kochte und schrie es in ihm. Er wusste keinen Rat mehr. In seiner Verlorenheit suchte er das Quartier der Laufenden Geschäfte auf, wo er früher gewohnt, und erzählte dem Hausherrn sein Unglück.

Der Hausherr empfing ihn voll Mitleid und lud ihn zum Essen ein; aber während dreier Tage verweigerte der arme Student jegliche Nahrung. Er hörte nicht auf zu weinen und zu klagen. Seine Kräfte verließen ihn, er stürzte in schwere Krankheit. Nach zehn Tagen wurde sein Zustand hoffnungslos. Der Hausherr fürchtete seinen baldigen Tod und ließ ihn in die Bude eines Leichenbesorgers bringen. Lange schwebte er zwischen Leben und Tod. Alle Angestellten beklagten sein Los und jeder brachte ihm zu essen. Zögernd erholte er sich und begann zu gehen, vorsichtig, auf einen Stock gestützt. Jetzt beschäftigte ihn der Unternehmer als Zeltträger bei den Leichenbegängnissen. So verdiente er sich seinen täglichen Reis. Einige Monate später war er wieder gesund.

In seinem Beruf hörte er oft die Trauergesänge, wenn er das Zelt hielt über einem Menschen, der seinen letzten Weg gehen musste. Jedes Mal beklagte er sein eigenes Los und beneidete den Toten. Nach jeder Feier brach er in heftiges Schluchzen und Weinen aus. Da beschloss er,

Klagesänger zu werden. Als begabter Student vermochte er sich bald in die Geheimnisse des Trauergesanges einzufühlen. Nach einiger Zeit sang in ganz Chiang-an kein Klagemann ergreifender als er.

In der Hauptstadt gab es damals zwei Unternehmer für Leichenbegängnisse, die in heftiger Fehde lagen und sich abwechselnd in ihren Leistungen übertrumpften. Das östliche Unternehmen besaß Trauerkarossen von unvergleichlicher Pracht; sein Chor aber sang mittelmäßig. Der Geschäftsführer wusste, dass der kummervolle Student ein hervorragender Sänger war und nahm ihn für ein Gehalt von zwanzigtausend Sapeken zu sich. Die alten Sänger brachten dem Jüngling die letzten Feinheiten ihrer Kunst bei, lehrten ihn auch insgeheim unbekannte Melodien und Kadenzen, Trauerweisen, die bis auf diesen Tag eifersüchtig gehütet worden waren.

Die Leiter der beiden Unternehmungen kamen eines Tages zusammen und fassten folgenden Beschluss: »Wir werden unsere Ausstattungen und unsere Künste einem großen Publikum zeigen, auf der Straße der Himmlischen Pforte. Dann wird es sich herausstellen, wer von uns beiden die Überlegenheit besitzt. Der Besiegte wird ein prächtiges Fest im Wert von fünfzigtausend Sapeken als Buße bezahlen.«

Sie setzten unter die Bedingungen dieses Wettbewerbes ihre Unterschrift. Und der große Aufzug fand statt. Zehntausende von Männern und Frauen drängten sich zu dem ungewöhnlichen Schauspiel. Der Bürgermeister des Quartiers meldete die Neuigkeit dem Vorsteher der Polizei und dieser erstattete dem Präfekten der Hauptstadt

Meldung. Die ganze Stadt strömte herbei. Die übrigen Straßen waren verlassen.

Das Schaugepränge dauerte von Morgen bis Mittag. Bei keiner Vorstellung konnte das westliche Bestattungsunternehmen die Oberhand gewinnen. Sein ganzes Gesinde fühlte sich gedemütigt. Da baute der Unternehmer in aller Eile eine hohe Estrade an der Straßenecke. Ein Mann mit langem Bart schritt herbei, eine Glocke in den Händen schwingend. Mehrere Personen begleiteten ihn. Der Mann hob seinen Bart, wölbte die Augenbrauen empor, zuckte mit den Stirnfalten und den Armen; dann betrat er die Bühne. Er sang das Lied vom Weißen Pferd. Von seiner Wirkung überzeugt, schaute er nach links und nach rechts, als ob alle Zuschauer Luft für ihn wären. Einstimmig klatschte ihm die bewundernde Menge Beifall. Schon hielt der bärtige Sänger sich für den Helden des Tages, schon glaubte er sich Sieger ohne einen einzigen Rivalen.

Natürlich ließ nun auch der östliche Leichenbestatter eine Estrade errichten, auf der anderen Seite der Hauptstraße. Ein junger Mann, schwarz gekleidet, einen langstieligen Fächer mit buschigen Federn in der Hand, betrat langsam, von fünf Kameraden begleitet, die Bühne. Es war der Student. Unauffällig brachte er sein Gewand in richtige Falten, erhob sein schmerzliches Gesicht und begann zu singen. Klar, durchdringend, unwiderstehlich war sein Gesang von den »Tautropfen auf den Grashalmen«. Seine Stimme hätte die Bäume des Waldes erbeben lassen, so groß war ihre Gewalt und ihr Zauber. Die Zuhörer brachen in Tränen aus, an allen vier Ecken der Straße schluchzten die Menschen.

Der westliche Unternehmer wurde überschüttet mit Spott und Hohn. Aufgeregt brach er seine Zelte ab und verschwand mit der Summe, die er seinem Konkurrenten als Buße schuldete, im Gedränge. Gerne hätte die Menge dem Wettkampf noch länger beigewohnt und zerstreute sich wohl oder übel nach der jähen Beendigung des Spektakels.

In diesem Monat kam wie jedes Jahr ein kaiserliches Edikt heraus, das die Statthalter der Provinzen in die Hauptstadt berief. So hatte sich auch der Vater des Studenten nach Chiang-an begeben. Er traf gerade an dem Tag ein, da die Schaustellung der beiden Leichenbestatter aufgezogen wurde. Mit einigen anderen Mandarinen geriet er in die Menge der Neugierigen. Einem alten Diener, der mit der Amme des Studenten verschwägert war, kamen Haltung und Stimme des jungen Klagesängers merkwürdig bekannt vor. Er wagte es nicht, ihn vor dem Publikum anzusprechen. Seine Augen füllten sich mit Tränen, und der alte Fürst fragte ihn nach der Ursache dieser ungewöhnlichen Rührung.

»Ach, die Gestalt des Sängers ist Eurem verschollenen Sohne so grausam ähnlich«, sagte der Greis.

»Mein Sohn hatte zu viel Geld; darum ist er sicherlich in die Hände von Räubern geraten. Wie kommst du auf den Gedanken, dass er hier sein könnte?«

Bei diesen Worten begann auch der Vater zu weinen. Auf dem Rückweg suchte der alte Diener einen Vorwand, um zur Vorstellung zurückzukehren. Schnell drängte er sich in die Menge, die das Schaugepränge des Östlichen umringte.

»Wie heißt der junge Mann, der so schön gesungen hat?«, fragte er.

Man nannte ihm einen falschen Namen, denn der Student hatte seinen wirklichen verschwiegen. Der Diener vermutete eine List und wollte der geheimnisvollen Sache auf den Grund gehen; unauffällig glitt er in die Nähe des Jünglings. Dieser erzitterte beim Anblick des Greises und versuchte in der Menge zu verschwinden. Der alte Mann aber hielt ihn am Rockzipfel fest.

»Seid Ihr nicht mein junger Herr?«, flüsterte er. Da umarmten sich die beiden unter Schluchzen und Tränen.

Der Jüngling wurde zu seinem Vater gebracht. Der alte Fürst fuhr ihn heftig an:

»Du findest also Vergnügen an diesem Beruf? – Weißt du, dass du damit deine Familie in Schande gestürzt hast?«

Er führte seinen Sohn zur Stadt hinaus, bis zum Rand eines großen verlassenen Parks. Dort ließ er ihm die Kleider vom Leib zerren und den Unglücklichen so lange auspeitschen, bis er ohnmächtig zusammenbrach. Darauf ging der Vater mit seinem Gefolge fort, ohne sich ein einziges Mal umzusehen.

Als der Student mit dem alten Diener von der Schaustellung weggegangen war, hatte ihm sein Brotherr einen Trauersänger nachgesandt. Dieser erzählte nun das schlimme Abenteuer des Jünglings und stürzte den ganzen Chor in Verzweiflung. Zwei Männer gingen mit einer Bahre hin, um ihren Kameraden zu begraben. Sie fanden ihn reglos auf der Erde liegen. Die Herzgegend des starren Körpers war noch warm. Behutsam hoben sie den Jüngling auf und trugen ihn in die Bude des Leichenbesorgers.

Man flößte ihm durch ein Schilfröhrchen warmes Wasser ein. Am nächsten Morgen war er außer Lebensgefahr.

Einen ganzen Monat lang konnte er weder Arme noch Beine bewegen. Seine Wunden entzündeten sich und begannen zu eitern. Dieser Anblick erfüllte die Angestellten mit Ekel. Eines Nachts schleppten sie ihn an einen Straßenrand und überließen ihn seinem Schicksal. Die Vorübergehenden bedauerten ihn und warfen ihm einige Brocken zu. Das bewahrte ihn vor dem Hungertod.

Hundert Tage später richtete er sich auf und begann zu gehen, schwer auf einen Stock gestützt. Ein grob gewobener Mantel bedeckte seine Glieder. Er flatterte in hundert Fetzen, wie die Federn eines aufgehängten Vogels. Einen schartigen Teller in der Hand, irrte der Bettler scheu und hungernd in den Straßen und Gassen der großen Stadt.

Der Herbst verblühte und der Winter kam ins Land. Der Bettler suchte in den Nächten Schutz unter verlassenen Kellergewölben, inmitten ekelhaften Unrats. Tagsüber bettelte er auf den Märkten. Eines Morgens fiel der Schnee mit besonderer Stärke. Von Hunger und Kälte aus seinem Schlupfloch getrieben, taumelte er in den Schneesturm hinaus. Er bettelte mit herzzerreißender Stimme. Niemand konnte ihn ohne Herzklopfen hören.

Dicht wirbelte der Schnee in die Straßen. Neun von zehn Häusern blieben verschlossen. So wagte sich der Bettler bis zur östlichen Pforte, ins Quartier der Friedlichen Stätte. Wie er die Häusermauern entlangstrich, kam er zum siebenten oder achten Hause der Straße und fand eine halb geöffnete Tür. Hier war gerade das Haus seiner einstigen Geliebten Li; aber er wusste es nicht. Er wiederholte seine verzweifelte Klage: »Ich sterbe vor Kälte und Hunger …« Er rief mit einer ergreifenden Stimme, die sogar Herzen aus Stein erweicht hätte.

Li Wa hörte in ihrem Zimmer die Klage des Bettlers und sagte ihrer Zofe:

»Er ist es! – Es ist seine Stimme!«

Sie eilte in den Flur. Sie erblickte den Studenten, der, zum Skelett abgemagert, von Schwären und Narben entstellt, kaum mehr einem Menschen ähnlich, vor ihr stand; da erbebte die schöne Frau vor Traurigkeit.

Als sie mit ihrer weichen Stimme zu ihm redete und ihn fragte, ob er nicht ihr einstiger Freund sei, stürzte der Bettler wie ein gefällter Baum zu Boden, von glühender Hoffnung, von furchtbarer Bitterkeit ergriffen. Er brachte kein Wort von den Lippen, er nickte nur. Nun legte die junge Frau ihre Arme um den schmutzstarrenden Hals des Jünglings und umhüllte seinen Leib mit ihrem gestickten Seidengewand. Sie ließ ihn in ein Seitenzimmer bringen. Heftig weinend stammelte sie: »Ich bin schuld, dass du so tief gesunken bist!«

Dann wurde sie ohnmächtig. Von den Geräuschen aufgestört, rannte die alte Frau Li herbei und fragte, was geschehen sei. Die Tochter öffnete die tränendunklen Augen und sagte:

»Mein Freund ist wieder gekommen.«

»Jag' ihn doch fort. Warum hast du ihn hereingelassen?«, kreischte die Alte.

Da reckte sich die junge Frau empor und richtete einen durchdringenden Blick auf die Mutter. Langsam sagte sie, unbeugsame Kraft in ihrer Stimme:

»Nein, Mutter! Du weißt genau, wer dieser Jüngling ist. Es gab einen Tag, da kam er zu uns, schimmernd in Gold, mit prächtigen Pferden, mit vielen Dienern. Wir haben ihm das letzte Geldstück aus der Tasche gezogen, und als er arm war wie ein Kuli, da haben wir eine abscheuliche Intrige ins Werk gesetzt, um ihn loszuwerden. Wir haben ihn schmählich im Stich gelassen. Wir sind schuldig an ihm geworden durch unsere Niedertracht. Und darum hat der Jüngling seinen Glauben an die Kraft des Lebens verloren, darum ist er sogar von den Seinen verlassen worden. Wir sind schuld, dass sein Vater ihn verstoßen hat, dass er ihn sogar töten wollte. Jetzt ist er im tiefsten Elend, tiefer kann kein Sterblicher sinken … Der ganzen Welt ist es bekannt, dass ich ihn ins Unglück gebracht habe!

Ich weiß, dass du Wert legst auf Stand und Geld, Mutter. Dieser Jüngling stammt aus großem Haus, er hat vornehme, glänzende Verwandte bei Hof. Wenn einmal einer dieser hohen Herren an die Herrschaft kommt und sich Rechenschaft ablegt von dieser schrecklichen Geschichte, dann wehe uns, Mutter! – Niemals können wir der Züchtigung entgehen, denn wir sind schuldig geworden am Himmel und an den Menschen. Niemals werden die Götter und die seligen Geister uns verzeihen!«

Die Alte schluckte ihre Antwort herunter und Li Wa fuhr fort:

»Ich bin dein Eigentum, Mutter, seit zwanzig Jahren. Was ich in dieser Zeit verbraucht habe, kann nicht viel mehr sein als tausend Goldstücke. Nun bist du sechzig

Jahre alt, Mutter. Ich will dir alles zurückzahlen, was du in diesen zwanzig Jahren für mich ausgegeben hast, um meine Freiheit zu erkaufen. Ich will frei sein! Mit meinem Liebsten werde ich fortgehen, irgendwohin in die Stille, in die Geborgenheit. O, ich gehe nicht weit fort! Jeden Morgen und jeden Abend kehre ich zurück, um dir im Haushalt zu helfen und so meine Tochterpflicht zu erfüllen.«

Die gefühllose Mutter merkte wohl, dass hier nichts mehr zu ändern war und willigte ein.

Die junge Frau zählte der Alten die Goldstücke auf den Tisch und ging. Sie besaß noch einige hundert Goldmünzen und mietete im fünften Hause der gleichen Straße eine Wohnung; dort richtete sie sich ein. Sie bereitete dem Studenten ein Bad und reichte ihm ein neues Gewand. Dann flößte sie ihm warme Reissuppe ein, um seine Eingeweide zu beleben und geschlagene Sahne zur Stärkung des Magens. Diese Diät bereitete sie für ihn während zehn Tagen; dann erst gab sie ihm kräftigere Speisen zu essen. Um ihren Geliebten zu bekleiden, wählte sie die kostbarsten Gewänder, Hüte und Schuhe. Viele Monate flossen dahin. Endlich bekam er wieder Muskeln und eine frischere Gesichtsfarbe. Nach einem Jahr war seine Gesundheit gefestigt.

Eines Tages sagte die junge Frau zu ihrem Freund:

»Jetzt hast du deine Gesundheit wiedergefunden und deinen Willen gestählt. Wäre es dir nicht möglich, in dich hineinzuschauen und deinen einstigen Studien dich zuzuwenden?«

Der Student sann nach und antwortete:

»Es kommt mir vor, als ob das Gelernte teilweise in mein Bewusstsein zurückkehre.«

Sofort ließ seine Freundin den Wagen anspannen und eilte in die Stadt. Der Jüngling folgte ihr zu Pferde. Sie gingen in den südlichen Teil der Hauptstadt, wo die Buchhändler ihre Werke feilboten. Sie sagte dem Studenten, dass er sich alles anschaffen könne, wessen er für seine Arbeit bedürfe. Sie zögerte nicht, auch die teuersten Schriften für ihn zu kaufen. Auf der Rückfahrt war ihr Wagen voll von Büchern.

Als dies geschehen war, nahm sie sich vor, den jungen Mann von jeder anderen Beschäftigung fernzuhalten, damit er sich mit Gründlichkeit seinen Studien widme. Er arbeitete Tag und Nacht, leidenschaftlich, unermüdlich. Sie saß an seiner Seite, um dem Geliebten das Wachsein leichter zu machen, und legte sich keinen Augenblick früher zu Bett als er. Tief in der Nacht begaben sie sich zur Ruhe.

So vergingen zwei Jahre. Die Studien des jungen Mannes zeitigten schöne Erfolge. Er sagte zu Li:

»Jetzt kann ich es wagen, meine Anmeldung für die öffentlichen Prüfungen einzureichen.«

»Nein, warte noch«, antwortete Li, »setz dich noch einmal hinter die Bücher, vertiefe dein Wissen! Du musst ganz sattelfest sein, wenn du zu den Prüfungen gehst.«

Sie warteten noch ein Jahr; dann sagte sie ihm:

»Jetzt bist du bereit.«

Mit einem Schlag konnte sich nun der junge Mann nach bestandenem Examen neben die Besten stellen. Sein Name wurde berühmt bei den prüfenden Gelehrten, und auch ältere Mitstrebende bewunderten ihn, ohne noch seine Freundschaft zu suchen.

»Das ist noch nicht genug«, sagte die junge Frau, »du hast erst die Reifeprüfung bestanden. Du musst dich aber auch in den kaiserlichen Wettbewerben durchsetzen. Dann erst wirst du eine ehrenvolle Stellung in der kaiserlichen Verwaltung erringen und dich eines glänzenden Rufes freuen können. Vergiss nicht, dass deine abenteuerliche Vergangenheit bekannt ist und es nicht so einfach geht, die Wertschätzung der Gelehrten und Dichter zu gewinnen. Tue alles, um deine geistigen Waffen noch mehr zu schärfen, dann wirst du neue, glänzendere Siege erfechten!«

Der junge Mann vergrub sich wieder in die Bücher, arbeitete mit gesteigertem Eifer und verfeinerte seine Kenntnisse der schönen Künste.

In diesem Jahr fanden die großen Wettbewerbe des Kaiserreiches statt. Ein kaiserliches Edikt rief die Besten unter den Auserwählten der Künste und der Gelehrsamkeit zusammen. Der junge Mann bewarb sich im Preisausschreiben für »Direkte Reden und Gründliche Ermahnungen« und ging als Erster hervor. Unverzüglich wurde er zum Hochkommissar der Armee von. Ch'êng-tu in Szechwan ernannt.

Er rüstete sich zur Abreise, und die junge Frau sagte zu ihm:

»Jetzt nimmst du eine hohe und ehrenvolle Stellung ein, du brauchst mich nun nicht mehr, mein Freund. Ich bin glücklich, dich in der Sonne des Erfolges zu sehen; du hast die Würde, die Bedeutung deiner Persönlichkeit wieder erkämpft. Ich habe dir nicht mit Undank gelohnt. Jetzt bleibt mir nur noch eine einzige Aufgabe, meine Mutter zu pflegen und mit ihr in der Zurückgezogenheit zu leben. Du aber musst ein Mädchen von hohem Adel heiraten, das deinem Rang entspricht; wähle sie aus einer alten Beamtenfamilie. Lass dich von ihr lieben und verwöhnen, mein Freund. Ich verlasse dich nun, ich verlasse dich für immer.«

Der junge Mann hielt sie weinend umschlungen:

»Wenn du noch einmal von mir gehst, schneide ich mir die Kehle durch!«

Li Wa blieb fest. Er aber flehte und weinte und ließ nicht ab, sie zu beschwören. Endlich sagte sie:

»So will ich dich begleiten bis zum südlichen Teil des Großen Flusses, bis zum Passweg des Schwertes beim Eingang der Provinz Szechwan. Dort musst du mich ganz allein zurückgehen lassen.«

Dem jungen Mann blieb nichts übrig als nachzugeben.

Ihre gemeinsame Reise dauerte länger als ein Monat, ehe sie den Passweg des Schwertes erreichten. Schon bereiteten sie sich für die Trennung vor – jeder sollte in die entgegengesetzte Richtung reisen –, als ein öffentlicher Anschlag ihnen die Ernennung des Fürsten von Yünyang zum Statthalter von Ch'êng-tu bekannt machte. Es war kein anderer als der Vater des jungen Mannes. Nicht lange dauerte es, bis der neue Präfekt beim Passweg des Schwertes anlangte.

Der junge Mann begab sich zur Herberge des Distriktes und verlangte eine Zusammenkunft mit dem Magistraten. Der alte Herr traute seinen Augen kaum, als er den Namen auf der Karte las, die der Besucher ihm überreichen ließ; er drückte seine Verwunderung aus, dass der junge Hochkommissar aus derselben Provinz stamme und den gleichen Namen trage wie er. Man geleitete den Besucher in den Empfangsraum. Der Vater brach in Tränen aus, streichelte unablässig den Rücken seines Sohnes, der sich vor ihm niedergeworfen hatte. Nach einer langen Stille flüsterte der Greis:

»Seien wir Vater und Sohn wie damals –, wie damals.«

Als sich beide gefasst hatten, erzählte der junge Mann, was ihm widerfahren war seit dem Augenblick, da er dem Tod nahe gewesen, berichtete von der wundersamen Hingabe der jungen Li. Im Tiefsten erschüttert verlangte der Vater, die junge Frau zu sehen. Der Sohn antwortete, dass Li Wa sich zur Rückkehr in die Hauptstadt rüste, weil sie glaube, nicht länger mit dem jungen Beamten leben zu dürfen.

»Nein«, sagte der Vater, »sie wird bleiben«.

In der Absicht, ihre neuen Ämter so rasch wie möglich anzutreten, verreisten Vater und Sohn, nachdem sie Li Wa in einem abseits gelegenen, angenehmen Haus untergebracht hatten. Dort sollte sie auf weitere Nachrichten warten.

Kurze Zeit später sandte der Vater einen Heiratsbeamten, um nach Sitte und Brauch die Verbindung zwischen den beiden Familien herzustellen. Die Vermählung der schönen Li Wa mit dem Sohn des Fürsten wurde mit höchster Pracht gefeiert.

Untadelig erfüllte sie von nun an als Gattin und Schwiegertochter ihre Pflichten. Mit Geschick und Vornehmheit waltete sie im fürstlichen Haus und wurde innig geliebt von ihrem Mann und seiner ganzen Familie.

Der Ruhm ihrer großen Liebe bleibt unverwelklich bis auf den heutigen Tag.

# Die Abenteuer des Szu Wei

Szu Wei war Großsekretär in der Unterpräfektur von Ts'ing-ch'eng, Provinz Ch'u-chou, in den Jahren der Herrschaft von Ts'ien Yüan. Als Mitarbeiter standen ihm Ch'ê Pan, Lei Tsi und Pao Liao zur Seite.

Eines Herbstes wurde Szu Wei krank; nach sieben Tagen fiel er in einen todähnlichen Schlaf und antwortete nicht mehr auf die dringenden Anrufe der Seinen. Nur sein Herz behielt noch ein wenig Wärme. Seine Familie hatte nicht den Mut, ihn sogleich auf die Bahre zu tragen; man wachte und harrte. Während zwanzig Tagen lag er bewegungslos. Auf einmal seufzte der Kranke lange und tief und richtete sich in den Kissen auf.

»Ich weiß nicht, wie viele Tage in der Welt verflossen sind«, sagte er.

»Zwanzig Tage«, antwortete man ihm.

»Geht und schaut nach, ob meine Kollegen jetzt gehackten Fisch essen. Sagt ihnen, dass ich erwacht bin und dass ich ihnen seltsame Dinge zu erzählen habe. Sie sollen ihre Essstäbchen niederlegen und kommen, damit sie mich hören.«

Und wirklich traf der weggesandte Diener die Beamten, wie sie das gehackte Fleisch eines Fisches aßen. Als sie die Botschaft hörten, unterbrachen sie die Mahlzeit und eilten ins Haus des Kranken. Szu fragte sie:

»Meine Herren, habt Ihr den Laufburschen der Amtsstube, Ch'ang Pi, weggeschickt, um Fische zu kaufen?«

»Ja.«

Da wandte sich Szu Wei an Ch'ang Pi:

»Hat nicht der Fischer Ch'ao K'ên zuerst einen großen Karpfen versteckt und dir einen kleinen angeboten? Hast du dann entdeckt, was er verborgen hatte, und den Fisch mit Gewalt fortgetragen? – Als du in die Unterpräfektur zurückgekehrt warst, sahst du dort nicht zwei Gerichtsdiener, die Schach spielten, den einen rechts von der Tür, den andern links? Und auf der Freitreppe, trafst du dort nicht Ch'ê und Lei, wie sie spielten und Pai, der Pfirsichkerne knackte? Als du ihnen die List des Fischers erzählt hattest, gab Pai den Befehl, ihn peitschen zu lassen. Dann gabst du den Fisch dem Küchenmeister Wang, der über seine Größe entzückt war und ihn sofort tötete. Ist das alles wahr?«

Die Zuhörer erkundigten sich gegenseitig und kamen zu dem Schluss, dass alles so gewesen war.

»Wie könnt Ihr die Geschehnisse wissen?«, fragten sie den Kranken mit Spannung.

»Der Karpfen, den Ihr getötet habt, das war ich!«

»Erklärt uns alles, Herr!«, riefen die Besucher.

»Zu Beginn«, sagte Szu Wei, »war ich gemartert von der Krankheit und konnte die Fieber nicht mehr ertragen. Auf einmal verließen mich meine Sinne und ich fühlte mich nicht mehr krank. Vor der Hitze fliehend nahm ich meinen Stock und ging fort, Kühlung zu suchen. Es wurde mir nicht klar, dass ich träumte. Kaum hatte ich den Umkreis der Stadt verlassen, da fühlte ich mich leicht

wie ein Vogel oder wie ein dem Käfig entronnenes Raubtier. Ich wusste nicht, was ich mit meiner Freiheit anfangen sollte. Langsam drang ich ins Gebirge vor. Der Berg aber bedrückte mich und ich streifte am Ufer des Flusses entlang. Die herbstlich schöne Landschaft bezauberte mich. Als ich in das tiefe und durchsichtige Wasser schaute, in die leichtbewegten, beinahe stillen Wellen, ergriff mich das ewige Spiegelspiel des Flusses so sehr, dass ich plötzlich Lust zu einem Bad hatte. Ich warf die Kleider ans Ufer und tauchte unter. Als Kind liebte ich das Schwimmen. Als Mann jedoch habe ich mich dieser Leidenschaft nie mehr hingegeben. Dieses Ausweichen, diese Flucht ins Wasser weckte ein lange schon verdrängtes Sehnen in meinem Innern. Und ich sagte mir:

Ein Mensch schwimmt nicht so schnell wie ein Fisch; das ist schade. Könnte man sich nicht an einen Fisch klammern, ganz heimlich, und auf diese Weise nach Herzenslust in der Tiefe des Wassers reisen?›

Ein Fisch, der gerade an meiner Seite war, antwortete:

›Dem Herrn ist es sicherlich nicht ernst! Andernfalls ist der Plan nicht so schwierig. Man kann ja einen Fisch ohne Umstände packen, das ist besser als es heimlich zu tun. Ich will mich dieser Sache annehmen …‹

Der Fisch schwamm fort, mit einem feierlichen und zielbewussten Ausdruck um die Schnauze.

Kurz darauf kam ein hochgewachsener Mann; er trug einen Fischkopf zwischen den Schultern und ritt auf einem dunklen Wal. Hinter ihm bildete ein Dutzend Fische sein Geleit. Der Mann las eine Proklamation, die von der Gottheit des Flusses unterzeichnet war:

›Die Bürger der Stadt und die Einwohner der Gewässer, die einen leben nicht gleich wie die anderen. Wenn ein Bürger der Stadt keine besondere Neigung dazu verspürt, so soll er die Freuden der Wellen nicht kennenlernen. Der Sekretär Szu Wei, neugierig auf die Tiefe der Gewässer, Liebhaber der Stille und der Weite, vermag nichts anderes als die schrankenlose Größe und die Erhabenheit des Flusses zu genießen, weil er das Treiben der Menschen verachtet und die Berge verabscheut. Möge er denn mit den Fischen leben für geraume Zeit! Ohne für immer in dieser Verwandlung zu bleiben, wird er der rote Karpfen sein im See des Ostens. Er möge sich aber vorsehen, wenn er von den schäumenden Wogen sich verleiten lässt, Schiffe umzuwerfen, auf diese Weise Verbrechen im Dunkeln zu begehen, oder wenn er der Versuchung folgt, nach Köder zu schnappen, der an unsichtbaren Angelhaken steckt, und so sich fangen lässt am hellen Tag. Dies alles soll nicht versucht werden; denn sein Leben und die Ehre seines Geschlechtes stehen auf dem Spiel.

Nehmt Euch in Acht!‹

Indem ich der Proklamation zuhörte, sah ich an mir hernieder und stellte fest, dass ich schon in einen Fisch verwandelt war. Sofort unternahm ich ausgedehnte Streifereien. Ich ging überall hin, nach Lust und Gutdünken, bald auf den Wogen schwimmend, bald in die purpurne Finsternis der Abgründe tauchend, nichts hielt meine Fantasie im Zaum. Die drei Flüsse und die fünf Seen, sie alle habe ich durchzogen. Weil ich aber im See des Ostens zu Hause war, musste ich jeden Abend dorthin zurückkehren.

Eines Tages verspürte ich heftigen Hunger und suchte in dem großen See vergeblich mich zu sättigen. Endlich sah ich, eine Barke umschwimmend, den Fischer Ch'ao K'ên, der seine Angelschnur ins Wasser senkte. Der Köder zog mich an wie leidenschaftlicher Blumenduft. Voll tödlicher Furcht, bis zur Spitze meines Schwanzes zitternd, reckte ich wider Willen meinen Mund der drohenden und lockenden Nahrung entgegen und sagte mir:

›Ich bin schließlich Mensch und nur für kurze Zeit ein Fisch. Wenn ich auch nichts zu essen finde, bin ich wohl kaum dazu verurteilt, diesen Angelhaken herunterzuschlucken …‹

Dann drehte ich mich um und entfernte mich eilig. Wenig später packte mich der Hunger noch grausamer, und ich redete mir zu:

›Bin ich denn nicht eine offizielle Persönlichkeit, ein hoher Beamter? – Nur zu Spiel und Scherz habe ich die Gestalt eines Fisches angezogen. Selbst wenn ich den Angelhaken verschlingen würde, dürfte der Fischer es nicht wagen, mich zu töten. Er müsste mich zur Unterpräfektur geleiten.‹

Nach diesen Worten schnappte ich zu. Ch'ao K'ên zog an der Leine und hob mich aus dem Wasser.

Im Augenblick, da seine Hand mich berührte, begann ich zu schreien, mit allen Kräften, er aber hörte mich nicht. Mit einer Schnur durchstieß er meine Wangen und band mich im Schilfrohr fest.

So kam Ch'ang Pi herbei und sagte dem Fischer:

›Herr Pai möchte einen Fisch; er benötigt einen großen!‹

›Ich habe keine großen‹, sagte der Fischer. ›Es gibt aber ein Dutzend Pfund von kleinen Fischen.‹

›Ich habe den Befehl, einen großen zu holen, es ist unnütz, mir kleine anzubieten‹, widersprach Ch'ang Pi.

Da entdeckte er mich im Schilf und zeigte mich an der Schnur hervor. Ich schrie ihm zu:

›Ich bin Euer Vorgesetzter, der Sekretär Szu Wei, ich habe mich in einen Fisch verwandeln lassen, um mich nach Herzenslust in den Fluten ergehen zu können. Wie! Du grüßest mich nicht einmal?‹

Ch'ang Pi achtete nicht im Geringsten auf meine Proteste, schlug seinen Weg ein, indem er mich an der Schnur mitschleppte, und schimpfte unablässig über den Fischer, der gar nicht mehr widersprochen hatte.

In der Präfektur erblickte ich die Angestellten, die Schach spielten, und rief sie mit aller Macht. Niemand antwortete mir. Im Gegenteil, sie brachen in Gelächter aus, als sie mich sahen.

›Dieser schreckliche Fisch wiegt sicher mehr als vier Pfund!‹

Als ich mich auf der Freitreppe befand, bewunderten Ch'ê und Lei, die fröhlich spielten und Nüsse knackten, die Größe des Fisches und schickten ihn sofort in die Küche.

›Ich bin Euer Kollege‹, schrie ich den Herren zu, ›wollt Ihr denn meinen Tod? Denkt Ihr nicht daran, das Leben Eures Kameraden zu schonen, wollt Ihr einen Mord an mir begehen? Ist das menschenwürdig?‹

Ich schrie und weinte, aber keiner der drei achtete meiner, und sie lieferten mich den Händen Wangs, des

Küchenmeisters, aus. Wang, hocherfreut, wetzte sein Messer. Gerade war er im Begriff, mich auf dem Hackbrett zu erwürgen, als ich ihm noch zuschrie:

›Ihr seid mein Küchenmeister, Wang, ach, warum tötet Ihr mich? Rettet mich und erhebt vor dem Gerichtshof Klage gegen meine Henker!‹

Doch auch der Koch schien taub zu sein. Er drückte meinen Kopf unter das Hackmesser – und schlug ihn ab. Im Augenblick, da mein Fischkopf *dort* niedersank, wurde mein Menschenleib *hier* lebendig …«

Ohne das Ende der Erzählung abzuwarten, ergriffen die Zuhörer die Flucht, von Entsetzen geschüttelt. Während langer Zeit war ihr Herz gerührt, von Mitleid schwer für das unglückselige Abenteuer des Szu Wei. Sie waren untröstlich bei dem Gedanken, dass weder der Fischer noch der Türhüter, weder die Angestellten noch der Küchenmeister den Fisch hatten schreien hören; das Einzige, was sie wahrgenommen, waren die Bewegungen seines Mundes gewesen …

Nachdem sie die Erzählung vernommen hatten, ließen die entgeisterten Beamten den halbverzehrten Karpfen fortwerfen. Und während ihres ganzen Lebens rührten sie keinen Fisch mehr an.

Szu Wei erholte sich bald von seiner Krankheit. Wenige Jahre später wurde er zum kaiserlichen Unterpräfekten befördert, und schließlich starb er eines natürlichen Todes.

# Der magische Spiegel

Hsiu Sêng war ein fremdartiger Mensch. Er stammte aus Fen-ying und lebte unter der Dynastie der Sui. Ich saß lange Zeit als Schüler zu seinen Füßen, der höchsten Verehrung voll, die man einem solchen Meister schuldet. Auf seinem Totenbett vermachte er mir einen Spiegel und sagte mit verwehender Stimme:

»Mit diesem Spiegel wirst du sehen können, wie alle bösen Geister dich verlassen.«

Ich versprach meinem sterbenden Meister, dass ich sein Vermächtnis eifersüchtig hüten werde. Mit Ehrfurcht nahm ich das Geschenk in meine Hände. Es war ein Spiegel aus Bronze, acht Zoll breit, und am Rücken befand sich ein liegendes Einhorn als Stütze. Vier Tiergestalten wohnten in den vier Ecken des Rückens: Schildkröte, Drache, Phönix und Tiger. Diese Figuren waren umkreist von den acht Diagrammen, den geheimnisvollen Zeichen des I-ching, unseres uralten astrologischen Buches. Die Diagramme aber waren umgeben von den zwölf Symbolen des Tierkreises. Schließlich sah ich, ganz am Rand, vierundzwanzig archaische Schriftzeichen. Diese Schrift, mit ihren abgerissenen Zügen, schien auf den ersten Blick dem Stile Li-shu anzugehören. Bei genauer Betrachtung jedoch entzog sie sich allen Regeln der Kalligrafie. Mein Meister hatte mir erklärt, dass diese Schriftzüge die vierundzwanzig atmosphärischen Zustände bedeuteten.

Wenn ich den Spiegel ins Gegenlicht hielt, dann sah ich auf der metallenen Oberfläche die Zeichnungen des Rückens, die deutlich hindurchschimmerten. Wenn ich ihn aufgehängt hatte, dann ging bei jedem Schlag ein feiner kristallischer Klang von ihm aus, ein Tönen, das während des ganzen Tages hörbar blieb. Diese Eigenschaften unterschieden ihn gewaltig von alltäglichen Spiegeln. Nicht umsonst hatte er die schrankenlose Bewunderung meines Meisters Hsiu Sêng besessen, dieses genialen Mannes, dem dieser Spiegel immer als ein göttliches Ding erschienen war.

Ich erinnere mich der Worte meines Meisters:

»Einstmals ließ der Kaiser Huang-ti fünfzehn Spiegel schmieden. Der erste war anderthalb Fuß breit, ein Symbol des Vollmondes. Die Breite der anderen Spiegel verringerte sich jedes Mal um einen Zoll im Vergleich zum früheren. Der unsrige ist der achte unter den Spiegeln des Huang-ti.«

Wohl ist die Herrschaft des Huang-ti zu tief versunken in der Nacht der Zeiten, als dass wir dieser Spiegellegende Glauben schenken dürften; ich aber habe nie an dem gezweifelt, was mein großer Meister mir darüber gesagt hat.

Besitz oder Verlust eines geweihten Gegenstandes, bedeutet dies für uns Sterbliche einen Fingerzeig des launischen Schicksals? – Gerne erzählt man die Geschichte dieser Familie Yang, die einmal magische Ringe erworben hatte und in den größten Wohlstand hineinblühte, ohne zu wissen warum; oder das Abenteuer eines gewissen Vaters Ch'ang, der sein Schwert, einen berühmten Fetisch, verloren hatte und bald darauf sein Leben lassen

musste. Werde auch ich in eine solche Tragödie hineinstürzen, der ich mich unter dem grenzenlosen Unglück meines Jahrhunderts beuge und meine Tage in Starrheit und Melancholie verbringe? Im Wirbel des Zeitensturmes habe ich alles verloren, alles, Menschen, Häuser und Ländereien. Ich schleppte seit Langem meine bescheidene Existenz, die keine besondere Bedeutung mehr verdient, dahin von Tag zu Tag. Und siehe! – der Gipfel meines Unglücks war noch nicht erreicht; auch der Verlust meines uralten, meines magischen Spiegels ist mir nicht erspart geblieben …

Es drängt mich, mit den Schriftzügen, die ich nun hinpinseln möchte, einige der wunderbaren Abenteuer zurückzurufen, die der göttliche Spiegel zauberisch vollbracht hat, als ich mich noch seines Besitzes freuen durfte. Zehn oder hunderttausend Jahre später wird jemand vielleicht den Spiegel durch Zufall wiederfinden und dann wenigstens um den Ursprung dieses geheimnisvollen Gegenstandes wissen.

Im siebenten Jahre der Periode T'ai-yeh, zur Zeit des fünften Mondes, trat ich als kaiserlicher Zensor zurück und ging wieder nach Ho-tung, wo ich wenig später die Augen meines verehrten Meisters Hsiu Sêng zudrückte. Einen Monat darauf reiste ich nach Ch'ang-an. Ich nahm Wohnung in der Herberge des Ch'ên Yung, im Quartier Ch'ang-lopo. Der Wirt hatte eine hübsche Sklavin in seiner Obhut, die Papagei genannt wurde. Als ich in meinem Zimmer angekommen war, machte ich vor meinem Spiegel Toilette. Von Weitem erblickte Papagei den Spiegel. Plötzlich warf sie sich nieder, schlug die Stirn mit solcher Heftigkeit mehrmals auf den Boden, dass das Blut zu fließen begann.

»Ich kann nicht mehr bleiben«, stöhnte sie zitternd. Ich ließ den Wirt kommen und verlangte Aufklärung über diese unerwartete Szene.

»Es sind zwei Monate her«, sagte der Wirt, »da brachte ein Gast diese junge Sklavin aus dem Osten mit. Sie war schwerkrank. Vor der Abreise vertraute er mir das Mädchen an mit den Worten: Ich werde wiederkommen, um sie zu holen. – Aber er ist immer noch nicht zurückgekehrt. Ich weiß nicht das Geringste von der Herkunft dieses Mädchens.«

Ich hatte das Gefühl, dass ein verkleideter Dämon vor mir stünde und hob drohend den Spiegel empor. Da begann Papagei mich anzuflehen:

»Ach, verschonet mich, Herr! – Sofort zeige ich mich in meiner wahren Gestalt!«

Ich verhüllte den Spiegel und sagte:

»Gestehe die Wahrheit, zeige dich in deiner ursprünglichen Gestalt, ich werde dich verschonen!«

Die Sklavin verneigte sich mehrmals tief und begann zu erzählen:

»Ich bin eine alte Füchsin, ach, ich bin viele Tausend Jahre alt. Mein Lager war im Schatten einer großen Tanne, vor dem Tempel des Berges Hua. Seit langer Zeit verwandle ich mich, um immer wieder die Menschen zu verführen. Doch die Gottheit des Berges hörte nie auf, mich zu verfolgen. Stets war ich auf der Flucht, immer versteckte ich mich, wo ich konnte, zwischen dem Gelben Fluss und dem Strom Wei. Einstmals würde ich die Tochter eines Mannes, der Ch'ên Sê-kung hieß und im Land Hsia-k'uei wohnte. Sobald ich erwachsen war, heiratete ich einen Bauern, mit dem ich nicht in guter Ehe lebte. Dann floh ich nach Osten. Als ich die Stadt Han durchquerte, nahm mich ein Reisender mit; er nannte sich Li Ou-hua. Er war eine ganz brutale Kreatur. Er zwang mich während vieler Jahre ihm zu folgen, bis zu dem Tag, da er mich hier sitzen ließ. Wie konnte ich es ahnen, dass ich unter dem Schlag des göttlichen Spiegels zusammenbrechen würde? – Ich bin am Ende meiner Kraft, alle meine Listen sind vertan, ich kann mein wirkliches Gesicht nicht mehr verhüllen.«

»Du alte Füchsin«, rief ich verachtungsvoll. »Du nimmst menschliche Formen an, nur um uns zu schaden?«

»Ach, ich wollte nur *leben* mit den Menschen, ich dachte nicht an das Böse, das daraus fließt. Die Gottheiten lieben meine Ausbrüche und meine Verwandlungen nicht; darum wollen sie meine Vernichtung.«

»Kann man dich retten, dich verschonen?«

»O Herr, Ihr tut mir allzu große Ehre an! – Es ist zu spät. Da ich von dem göttlichen Spiegel entlarvt worden bin, habe ich keinen Ausweg mehr. Wie müsste ich mich schämen, wenn ich vor Euch in meiner Urgestalt erschiene! – Legt ihn in die Umhüllung, diesen schrecklichen Spiegel, ich flehe Euch an! – Ich werde mich töten, wenn ich nur noch ein einziges Mal erfüllt bin von Wein, ganz trunken bin von Wein!«

»Wirst du nicht entwischen und dich retten, sobald der Spiegel verschlossen ist?«

»Entwischen? – Mich retten?« –, schrie sie und brach in Lachen aus. »Ich habe doch soeben die Gnade zurückgewiesen, die Ihr mir schenken wolltet, indem Ihr mir Schonung verspracht. Mich retten durch Trug und List, wäre dies nicht ein unausstehlicher Missbrauch Eurer Güte? – Glaubt mir, der Spiegel hat mir jeden Ausweg, jeden Fluchtweg abgeschnitten. Um eines aber bitt ich Euch, hoher Herr: Verlängert mein Leben nur um wenige Stunden, auf dass ich sterbe in Trunkenheit und jauchzender Lust …«

Den Spiegel versteckte ich in der Schachtel. Ich ließ Wein bringen, viel Wein, lud die ganze Herberge und die Nachbarn zu einem Freudenfest ein, zu Ehren Papageis. Das Ungeheuer berauschte sich schrankenlos. Dann erhob sich Papagei, sang und tanzte, wild die flatternden Ärmel bewegend. Und so war ihr Gesang:

»Spiegel, Göttlicher du, ich fleh' um Gnade!
O, wie oft vertauscht' ich die Gestalt,
Fremdes Dasein, fremde Namen tragend.
Leben war Rausch und Glück! – Doch nicht verzagend
Und ängstlich flieh' ich vor des Tods Gewalt.
Warum verharren auf des Lebens Pfade …«

Das Lied riss schmerzlich ab, sie grüßte die Versammlung tief und brach zusammen. Am Boden lag eine leibhaftige Füchsin, steif und tot. Als die Zuschauer von ihrer Erschütterung sich erholt hatten, empfanden sie nichts anderes als Mitleid für das arme Tier.

Im achten Jahr der Periode T'ai-yeh, am ersten Tag des vierten Mondes, geschah eine Sonnenfinsternis. An diesem Tag hatte ich Dienst im Amtsraum des kaiserlichen Palastes. In dem kleinen Pavillon, der über meinem Arbeitszimmer lag, ruhte ich mich in den Pausen aus. Auf einmal verdunkelte sich der Tag. Die Beamten kündigten mir eine Sonnenfinsternis an. Ich erhob mich und nahm den Spiegel in die Hand. Er erschien matt und jeden Glanzes beraubt. Da verstand ich, dass er die Bewegungen der großen Gestirne widerspiegelte. Mein Erstaunen steigerte sich noch, als ich sah, dass die metallische Fläche wieder zu glänzen begann. Eben stieg die Sonne aus den Schatten empor, die sie verhüllt hatten. Von nun an beobachtete ich bei jeder Sonnenfinsternis das gleiche Verhalten des Spiegels, der den kosmischen Mächten verbunden ist.

Im achten Mond desselben Jahres erwarb mein Freund Szu Ya ein kupfernes Schwert, vier Fuß lang mit dem Griff. Auf diesen Griff waren die Figuren des Drachen und des Phönix modelliert, Flammen zu ihrer linken und Wellen zu ihrer rechten Seite. Das blendende Funkeln dieser Waffe unterschied sie von jedem gewöhnlichen Schmuck. Eines Tages kam Szu Ya zu mir auf Besuch und brachte das Schwert mit.

»Ich habe die Erfahrung gemacht«, sagte er mir, »dass am fünfzehnten Tag jedes Mondes, wenn das Gestirn in seiner ganzen Fülle an einem wolkenlosen Himmel steht, dieses Schwert in einem dunklen Zimmer von selber zu glänzen anfängt. Sein Schimmer erfüllt einen Umkreis von zehn Fuß. Ich weiß, dass Ihr große Freude habt an antiken Dingen und seltenen Kuriositäten. Wollt Ihr heute Abend mein Schwert sehen?«

Ich sagte mit Begeisterung zu. Am Abend war der Himmel von großer Klarheit; ich schloss mich mit meinem Freund ein, in einem Zimmer, darin vollständige Finsternis herrschte. Ich zog meinen Spiegel hervor, legte ihn auf den Schemel. Ganz langsam begann der Spiegel ein Licht auszustrahlen, erleuchtete das Zimmer bis in den letzten Winkel, sodass die Möbel ihre Konturen gewannen wie am hellen Tag. Da legte mein Freund sein Schwert neben den Spiegel. Die Waffe aber verlor ihren eigenen Glanz. In seinem Erstaunen bat mich der Freund, den Spiegel in die Schachtel zurückzulegen. Das tat ich auch. Nun sahen wir, wie das Schwert wieder zu glänzen anfing. Es war jedoch ein ängstliches Licht, das kaum zwei Fuß Länge überstrahlte. Mein Freund seufzte:

»Gibt es auch eine Rangordnung, eine Hierarchie für die übernatürlichen Gegenstände? Müssen die Geringeren ihre Unterwerfung in Gegenwart der Höheren ausdrücken – wie wir?«

Ein Jahr verging. Ich wurde zum Unterpräfekten des Distriktes von Joei ernannt. Vor dem Saal der Präfektur stand ein riesenhafter Brustbeerbaum, mehrere Jahrhunderte alt, und sein Stamm maß mehr, als zwei Arme umspannen konnten. Die Ankunft eines jeden Präfekten musste mit einem Trankopfer zu Ehren des gewaltigen Baumes gefeiert werden, auf dass kein Unheil den Ankömmling anfalle. Ich sagte den Eingeborenen, dass ein Dämon seine böse Macht nur auf jene Menschen ausüben könne, die innerlich dafür bereit seien und dass jeder Aberglaube bekämpft werden müsse. Meine Untergebenen flehten mich so sehr an, dass sie mit der Stirn den Boden berührten, ich möchte den Kultus dieses Baumes um Himmels willen nicht verweigern. Gegen mein Gefühl befahl ich das Trankopfer und die überlieferten Spenden für den geheimnisvollen Baumgeist. Heimlich sagte ich mir, dass der Baum sicherlich von einigen bösen unsichtbaren Genien zauberkräftig umsponnen worden sei, von Genien, die schon seit Langem die Dummheit der Eingeborenen ausgebeutet haben. Nachts ging ich unauffällig zu dem gefürchteten Baum und hing meinen Spiegel an einen seiner Äste.

Als die Trommel des Nachtwächters zum zweiten Mal ertönte, zerriss plötzlich ein furchtbarer Knall die nächtliche Stille. Das Amtsgebäude erbebte in seinen Grundfesten, wie vom Blitz getroffen. Jedermann sprang aus dem Bett. Durch die Fensterspalte sah man den Brustbeerbaum, in einen mächtigen Wirbelwind gehüllt, geschüttelt von Gegenwinden, während Blitze die opalene Luft durchzuckten.

Im Morgengrauen entdeckten wir die Hülle einer Riesenschlange. Ihr Leib war mit violetten Schuppen bedeckt, ihr Schwanz glänzte blutrot und ihr grünlicher Kopf trug weiße Hörner. Ich versteckte den Spiegel und ließ den Kadaver der Schlange fortschaffen, damit er außerhalb der Stadt verbrannt würde. Ich befahl, den Baum umzuschlagen. Unter seinen Wurzeln entdeckten wir einen tiefen und breiten Graben, der deutlich die Spuren des Reptils zeigte. Dann füllte man den Graben auf. Von dieser Stunde an geschah nichts Ungewöhnliches mehr im Land.

Eines Winters erhielt ich in meiner Eigenschaft als Unterpräfekt den Befehl, die ganze Provinz Hopei zu inspizieren, wo eine Hungersnot wütete. Kraft meiner kaiserlichen Amtsbefugnis ordnete ich die Öffnung der Getreidespeicher und der militärischen Vorratskammern für die ausgehungerte Bevölkerung an. Das Unglück schickte zu dieser Hungersnot noch eine fürchterliche Epidemie. Ch'an Lung-chi, ein kleiner Beamter in meinen Diensten, musste zusehen, wie seine gesamte Familie von zehn Mündern auf einmal krank wurde. Von Mitleid ergriffen lieh ich ihm meinen Spiegel, und legte ihn am gleichen Abend in seinem Haus auf. Auf der Stelle erhoben sich alle Kranken in einem einzigen Sprunge. Sie sagten, Lung-chi habe den Mond an ihre Betten gebracht und der bleiche Strahl des Gestirns habe ihre Glieder und ihre Eingeweide tief durchdrungen. Eiseskälte sei in sie eingezogen. – Sofort fiel das Fieber, wenig später waren sie gesund.

Im Glauben, dass ich auf diese Weise die Masse der Kranken gesund machen könne, ohne meinem Spiegel zu schaden, ging ich jede Nacht von Haus zu Haus auf leisen Sohlen und trug das köstliche Gerät in den Kampf gegen das Fieber. Eines Abends drang ein heller und sich steigernder Ton aus der Schachtel, der erst nach einer größeren Zeitspanne erlosch. Ich war stark beunruhigt. Am nächsten Morgen eilte Lung-chi zu mir, um einen seltsamen Traum zu erzählen, der ihm in der letzten Nacht widerfahren war. In seinem Traum wurde ihm der Besuch einer ungewöhnlichen Erscheinung angekündigt: Ein Drachenkopf, purpurgekrönt, auf einem rot gekleideten Schlangenleib. Der Traumbesucher sagte in langsamer Rede, er sei der Geist des magischen Spiegels und sein Name heiße Tsen Tseng.

»Ich bitte Euch, mir einen Gefallen zu erweisen«, sagte der Geist, »als Gegenleistung für den Dienst, den ich für Eure Familie getan habe: Wollet dem edlen Herrn Wang, dem Besitzer des Spiegels, meine Entschuldigungen überbringen und ihm sagen, dass ich nicht gewillt bin, die Pest zu bekriegen gegen den Willen des Himmels, der den Sterblichen diese Strafe auferlegen wollte. Übrigens wird die Pest beim nächsten Mond zu Ende sein. Warum mir vergeblich Schmerz und Mühe bereiten?«

Von dieser geheimnisvollen Botschaft betroffen, hielt ich in den nächtlichen Wanderungen mit meinem Spiegel inne. Einen Monat später begann die Pest zu weichen, wie der Traum meines Beamten es vorausgesagt hatte.

Die Jahre gingen vorüber. Mein Bruder Chi, mein Mitarbeiter in der Präfektur, gab eines Tages seine Demission, um eine Wallfahrt auf die geweihten Berge und zu den beglückenden Ufern der großen Ströme zu unternehmen, die unser Kaiserreich durchziehen. Anfänglich widersetzte ich mich seinen Plänen und sagte ihm:

»Wir leben in einem Jahrhundert der Ruhlosigkeit und der Verwirrung. Räuber und Spitzbuben machen die Straßen unsicher. Sorge unterwegs für deine größte Sicherheit! Du und ich, wir sind durch den gleichen Hauch verbunden, nie waren wir für längere Zeit voneinander getrennt. Erfüllt dich der Wunsch fortzugehen, ohne den Gedanken der Wiederkehr, und der Welt der Sterblichen zu entsagen nach dem Beispiel der Weisen früherer Zeiten? – Wie könnte ich, in diesem Fall, deine ewige Abwesenheit ertragen?«

Ich brach in Tränen aus; mein Bruder aber bestand auf seinem Vorsatz:

»Mein Entschluss, wohl überdacht, ist unverrückbar. Du bist ein großer Geist, mein Bruder, und dein Verstehen bedeutsamer Zusammenhänge ist ungewöhnlich tief. ›Sogar der einfachste Mann lässt seinen Willen nicht brechen‹, sagt K'ung-fu-tze. Ach, was ist im Grunde das menschliche Leben wert? – Hundert Jahre dauert es höchstens, aber hundert Jahre verströmen in einem Augenblick! Unsere Freuden, unsere Traurigkeiten, was sind sie anderes als Launen des Geschickes? – Handeln in Freiheit, nach der Freiheit des Gedankens, das ist, glaube ich, das große Vermächtnis, die große Lehre der antiken Denker.«

Mit Wehmut nahm ich von meinem Bruder Abschied, der mir im Weggehen eine Bitte äußerte:

»Dein kostbarer Spiegel gehört nicht in die Welt der Gewöhnlichen. Ich will meine Spuren auf wolkigen Wegen prägen und mein Lager suchen in den Tiefen des Nebels, hoch auf unbesteigbaren Gipfeln. Könntest du mir nicht deinen Schatz anvertrauen, den magischen Spiegel?«

»Dir, mein Bruder, gebe ich alles ohne Bedauern«, seufzte ich und überreichte ihm den Spiegel.

Mein Bruder ging fort, ohne mir seinen Reiseweg zu nennen.

Drei Jahre verrannen. Dann kam er wieder. Er gab mir den Spiegel zurück und erzählte:

»Dein Spiegel ist ein wahres Wunder. Nach unserer Trennung kletterte ich zuerst auf die Felsen des Berges

Sung. Bald überwand ich steinige Abhänge, bald ruhte ich auf Platten von Marmor aus. Eines Tages befand ich mich unversehens vor einer Grotte, deren finsteres und tiefes Gewölbe eine Kammer bildete, die sechs Gäste aufnehmen konnte. Ich drang ein in diesen wilden Unterschlupf mit der Absicht, dort das Morgengrauen abzuwarten. Zur Zeit der zweiten Nachtwache kamen plötzlich menschliche Wesen herein. Einer der beiden Männer hatte tatarische Gesichtszüge, breite Backenknochen, von einem weißen Bart umrahmt und weiße Augenbrauen; er nannte sich Vater Ch'ên. Der andere, klein und schwarzhaarig, hatte ein breites Gesicht, hinter einem grauen Bart versteckt, und dichte Augenbrauen; er nannte sich Mao. Als sie mich sahen, bezeigten die beiden Unbekannten ihr Erstaunen.

›Wer ist da?‹, fragten sie.

›Ein Freund der Stille, der Grotten und der wilden Seltsamkeiten‹, sagte ich, indem ich mich vorstellte.

Die beiden fremden Gefährten setzten sich dicht neben mich. Wir plauderten noch lange miteinander. Ihre Aussagen verrieten oft einen überraschenden, außerordentlichen Verstand. Ich fragte mich, ob ich es nicht mit verwandelten Dämonen zu tun hätte. Im Geheimen ließ ich meine Hand an meinen Rücken gleiten und zog jäh den Spiegel aus der Schachtel. Die beiden Männer stießen einen Schrei aus und stürzten zu Boden. Der Kleine wandelte sich in eine Schildkröte, der Tatar in einen Affen. Ich hielt den Spiegel unverhüllt bis zum Frühlicht, in der Furcht, die Tierleichen könnten sich neu erheben.

Als ich das Gebirge Chi überschritten hatte, befand ich mich vor einer Quelle, die unter einem Felsen hervorsprudelte. Etwas tiefer bildete sich ein Teich, voll grünlichen Wassers. Ich fragte einen Holzfäller nach der Ursache. Er klärte mich mit folgenden Worten auf:

›Dies ist der heilige Teich. Die Leute des Dorfes bringen Opfer hierher, an den acht Festen der vier Jahreszeiten. Dann beten sie und bitten um den Segen des Quellengeistes. Wenn man aber ein einziges Mal den Tribut unterlässt, entsteigen dem Wasser sofort schwarze Wolken, ein Hagelsturm verwüstet die Felder und reißt die Dämme des Flusses ein.‹

Ohne ein Wort zu sagen, zog ich den Spiegel hervor und näherte mich dem Teich. Unverzüglich begann das Wasser zu schäumen und zu kochen, mit dem Getöse des Donners. Der ganze Inhalt des Teiches erhob sich und trat bis zum letzten Tropfen über die Ufer. Das so entwichene Wasser floss weiter. Dann blieb es zweihundert Schritte vom leeren Teich entfernt liegen und breitete sich in einer großen Lache aus. Darin erschien ein Fisch, länger als zehn Fuß; seinen Körper bedeckten grüne und gelbe, metallisch glänzende Schuppen, rot war der Kopf, die Stirn weiß, die Schnauze spitz. Das Untier glich einem Drachen, es geiferte jedoch nicht. Man hätte es für eine gehörnte Schlange halten können! – Hier röchelte es nun, im Schlamm gefangen.

Um die entsetzten Zuschauer zu beruhigen, überredete ich sie, dass das Untier einer gewissen Art von Haifischen angehöre, die, dem Wasser entronnen, keinen Schaden mehr anrichten könne. Einige mutige Männer begannen das Tier in Stücke zu schneiden. Dann brieten sie das

Fleisch. Es schmeckte herrlich, aber sehr fettig. Ich tat mich während mehrerer Tage gütlich daran.

Auf der Ebene von Pien war ich bei Ch'ang K'u zu Gast, dessen Tochter krank darniederlag. Sie litt besonders in der Nacht und jammerte herzzerbrechend. Die Familie ahnte die Ursache des Leidens nicht. Man wusste nur, dass die Krankheit schon ein Jahr lang dauerte. Tagsüber war die Kranke still; kaum aber wurde es Abend, da lag sie auf der Folter. Mit Absicht blieb ich eine Nacht länger bei dieser unglücklichen Familie. Als die Klagen des jungen Mädchens erwachten, zückte ich den Spiegel und schritt auf ihr Bett zu. Die Kranke schrie:

›Der junge Mann mit dem großen Hut ist tot!‹

Unter dem Bett entdeckten wir einen riesenhaften, zu Tode verwundeten Hahn. Das Tier war sieben oder acht Jahre alt, der Stolz des Hühnerhofes in der Gastwirtschaft des Ch'ang K'u.

Auf meinem Weg nach Süden überquerte ich eines Tages den Yangtsekiang. In der Mitte des Flusses ballten sich plötzlich finstere Wolken, die beinahe das Wasser berührten. Die Schiffer erbebten und ahnten das Schlimmste. Ich stieg auf die Brücke, den Spiegel in der Hand. Helles Licht durchdrang jetzt die Fluten, das Wasser wurde durchsichtig und unser Menschenauge entdeckte das tiefe Bett des Großen Flusses. Unterdessen hatte der Wind aufgehört zu blasen, die Wolken waren verschwunden. In einem Augenblick erreichten wir das andere Ufer des Himmlischen Grabens.

An einem andern Tag, während einer Überquerung des Chê-chiang, fielen wir gerade in die furchtbare Flutzeit, die den Fluss so berühmt und gefährlich macht. Die brandenden Flutwellen, mehrere Dutzend Fuß hoch, stürzten auf die Mündung des Flusses zu, mit einem Donnergetöse, das hundert Li im Umkreis zu hören war.

›Das ist die Flutwelle!‹, riefen die Schiffer. ›Unterbrechen wir die Überfahrt, rudern wir zum Ufer zurück, wenn wir den Fischen nicht zum Fraß dienen wollen!‹

Ich hielt den schäumenden Wogen meinen Spiegel entgegen. O Wunder! – Durch den Wellentumult wurde plötzlich eine leuchtende Furche von fünfzig Fuß Breite gezogen, als ob ein magisches Schwert den rasenden Fluss in zwei Hälften gespalten hätte. Und in der Mitte dieser Wunderstraße, die die Brust des Stromes aufgerissen, flohen in hellen Scharen die Bewohner des Wassers, die Fische jeder Gattung – erschrocken über die plötzliche Aufhellung ihrer dunkel fließenden Welt –, während unser Schiff ruhig dem ersehnten Ufer entgegenglitt.

Wenn ich nachts auf den Bergen oder in den Tälern wanderte, hielt ich den nackten Spiegel in der Hand. Er führte mich wie eine Laterne, auch in der tiefsten Finsternis. Auf meinem Weg wachten die Vögel auf, flohen mit wildem Flügelschlag aus ihren Nestern, verwirrt und verstört vom ungewöhnlichen Licht des göttlichen Spiegels.

Während meines ziel- und endlosen Umherstreifens begegneten mir Menschen, die mit seltsamen Kräften und Kenntnissen begabt waren. Die einen schenkten mir seltene Bücher, die ältesten Zeiten entstammten; andere lehrten mich magische Formeln oder erzählten Geschichten übernatürlichen Inhalts.

Des einsamen Wanderns und der wilden Landschaften müde, suchte ich von Zeit zu Zeit die Nähe der Menschen. So kam ich eines Tages in die kleine Stadt Fêng, mit deren Bürgermeister ich befreundet war. Er hatte mich mit Ungeduld erwartet; denn er hoffte, dass ich drei besessene Mädchen heilen könnte. So nahm ich Wohnung in der Familie der Kranken, deren Vater voller Aufmerksamkeit sich um mich, seinen Gast, bemühte. Die drei Schwestern hausten gemeinsam in einem kleinen abgelegenen Pavillon. Jeden Abend, wenn die Nacht auf der Schwelle stand, schmückten sie sich mit Sorgfalt und allen Künsten der Schönheit. In später Nacht schlossen sie sich in ihren Pavillon ein, verharrten dort bei gelöschten Kerzen. Von draußen hörte man sie lachen und plaudern mit seltsam verwandelten Stimmen. Am Morgen leisteten sie dem dringenden Ruf der Eltern keine Folge und blieben stumm. Die drei Mädchen wurden von Tag zu Tag magerer und verloren jede Lebensfreude. Wenn man ihnen aber vorschlug, ihrem beunruhigenden Treiben in dem verhexten Zimmer ein Ende zu bereiten, drohten sie, dass sie sich auf der Stelle töten würden mit einem Sprung in den Brunnen oder mit einem Strick um den Hals. Man versuchte jedes Mittel, dem Übel zu wehren, keines hatte Erfolg.

Ich beobachtete den Pavillon der drei Besessenen genau; dann ließ ich mit der Säge vier Gitterstäbe des Fensters durchschneiden, ohne sie zu entfernen, damit die Kranken keinen Verdacht schöpften. Als es Abend wurde, gab der wachsame Vater das erste Zeichen:

›Sie sind in ihrem Pavillon!‹

Mit Katzenschritten näherten wir uns dem angesägten Fenster und lauerten auf den geringsten Laut im dunklen Zimmer. Als der Gongschlag der ersten Wache ertönte, nahmen Lachen und Scherzreden im Pavillon ihren Anfang wie jede Nacht. Plötzlich drückte ich das Fenster mit den durchschnittenen Stäben ein, sprang in das Zimmer, den Spiegel in der Faust. Die drei Mädchen stießen einen markdurchdringenden Schrei aus:

›Man mordet unsere Liebhaber!‹

Zuerst nahm ich nichts Ungewöhnliches im Zimmer wahr. Bis zum Morgengrauen ließ ich den Spiegel an der Wand hängen. Dann fand ich, auf den Boden hingestreckt, die Leichen dreier Tiere: einen Steinmarder, einen Fuß und drei Finger groß, eine fünf Pfund schwere Ratte und eine Eidechse, breit wie ein Männerarm. – Von dieser Nacht an waren die drei Mädchen geheilt.

Die letzte Stufe meiner Pilgerfahrt war der Berg Lu, wo ich monatelang verweilte. Su Pin, der Eremit des Berges Lu, war ein Mann von tiefem Wissen. Er kannte von Grund auf das I-ching und vermochte die Zukunft genau vorauszusagen. Eines Tages gab er mir folgenden Rat:

›Euer Spiegel wird nicht mehr lange in Eurem Besitz sein. Denn die göttlichen Dinge sind nicht geneigt, dauernd die Gegenwart der Sterblichen zu ertragen. Dazu kommt, dass das Jahrhundert noch nicht den Gipfel seines Unglücks erreicht hat. Beeilt Euch, kehrt in Euer Land zurück; nehmt die Gelegenheit wahr, die der Besitz des Spiegels Euch gewährt, um Eurer Rückreise Schutz und Sicherheit zu geben.‹

Ich beugte mich vor der Mahnung des Weisen. Am nächsten Morgen machte ich mich auf den Weg. Als ich die Provinz Hopei erreicht hatte, geschah mir eines Abends ein merkwürdiger Traum. Der Spiegel begann zu sprechen und flüsterte mir zu:

›Euer Bruder hat mich immer mit Ehrfurcht und Freundschaft behandelt. Nun bin ich entschlossen, für lange, lange Zeit die Welt der Sterblichen zu verlassen. Es ist mein innigster Wunsch, Eurem Bruder Lebewohl zu sagen. Darum kehret ohne Zögern nach Chiung-an zurück!‹

Im Traum versprach ich dem Spiegel, seinen Wunsch zu erfüllen. Als ich mich am nächsten Tag des ungewöhnlichen Traumes erinnerte, spürte ich eine große Verwirrung im Herzen, sodass ich ohne Aufenthalt der Hauptstadt zustrebte. Da bin ich nun, mein Bruder. Ich habe mein Wort, das ich dem Spiegel gegeben, gehalten; aber ich fürchte, dass die Stunde seines Verschwindens näherschreitet ...«

Mehrere Monde kamen und gingen ohne Zwischenfall. Dann nahte der Fünfzehnte des siebenten Mondes im Jahr dreißig der Periode T'ai-yeh. Ich befand mich zu dieser Zeit in Ho-tung, dem Land meiner Herkunft. Am Abend dieses merkwürdigen Tages drang ein schmerzlicher Ton aus der Schachtel des Spiegels. Er steigerte sich zu einem durchdringenden Pfeifen und gipfelte im düsteren Heulen eines Drachens oder eines Tigers. Lange währte dieses betäubende Geräusch. Als endlich die Stille wieder eingekehrt war, öffnete ich furchtsam und zögernd die Schachtel: Der magische Spiegel aus uralter Zeit, das unschätzbare Vermächtnis meines Meisters Hsiu Sêng, war verschwunden – und hatte nicht die kleinste Spur zurückgelassen.

# Aus dem Nachwort

*Zu der von ihm herausgegebenen und ins Französische übertragenen Sammlung »Der magische Spiegel« hat Lo Ta-kang eine Einführung verfasst, deren Hauptteil Richard Matzig ins Deutsche übersetzt und in seinem Nachwort wiedergegeben hat. Den folgenden Ausschnitt versteht Lo Ta-kang als Skizze der »Entwicklung der chinesischen Erzählungskunst in großen Linien«.*

Die Titelnovelle ist die älteste der in diesem Band vereinigten Geschichten. Von ihrem Verfasser, Wang Tu, wissen wir nur, dass er Magistrat unter den Sei (581 bis 618) gewesen ist. Der T'ang-Zeit (618–907) entstammen die Erzählungen »Die wunderbare Begegnung des jungen Doktor Ts'ui«, »Reise ins Innere einer Schlummerrolle«, »Das Leben der schönen Kurtisane Li Wa«, »Die Abenteuer des Szu Wie«. »Der Bodhisattva aus Jade« ist am Ende der Sung-Periode entstanden, etwa um 1279. Die übrigen vier Geschichten gehören der späteren Ming-Zeit an (1368–1644).

Leicht können wir die Autoren der T'ang-Zeit feststellen: »Die Geschichte der schönen Kurtisane Li Wa« wurde von Po Hêng-k'ên, dem Bruder des großen Dichters Po Chü-i (772–846), geschrieben; »Die Reise ins Innere einer Schlummerrolle« trägt die Unterschrift des Chen tsi-ts'i, bekannt ums Jahr 800. »Der junge Doktor Ts'ui« ist das Werk eines Ministerpräsidenten, Nüeh Sêng-ju (779–847) und »Tzu Wie« die Arbeit des Li Fuyen, der ums Jahr 835 gelebt hat. Diese vier Erzählungen also verdanken ihre Entstehung dem 9. Jahrhundert.

Es mag paradox erscheinen, dass die Geschichten der Sung-Zeit, obgleich jüngeren Datums, größtenteils anonym sind. An ihnen mögen mehrere Hände gewoben haben. Jedenfalls ist keine das Werk eines verfeinerten Literaten, im Gegensatz zur Epoche T'ang. Wir begegnen unter den Sung einer ausgesprochenen Volkskunst. »Der Bodhisattva aus Jade« ist der Sammlung *Ch'ing-pên-t'ung-hsü-hsiao-shuo* entnommen, der »Ausgabe, die der Hauptstadt der Volksromane entstammt«. Die vier Erzählungen der Ming-Zeit wählten wir aus der berühmten Sammlung *Chin-ku-ch'i-kuan*, »Wundersame Geschichten aus alter und neuer Zeit«, die etwa ums Jahr 1635 publiziert worden sind. Vor ihrer Niederschrift wurden die Novellen dieser beiden Sammlungen von Märchen- und Geschichtenerzählern in den Teehäusern einem einfachen und oft wenig gebildeten Publikum zu Gehör gebracht. Darum ist es schwer, die Namen der Autoren und auch die Entstehungszeit festzuhalten.

Wir können unser Buch in zwei Gruppen teilen, fünf Geschichten, von Literaten hingepinselt, und fünf aus der Mitte des Volkes. Es ist begreiflich, dass auch ihre Ausdrucksweise stark verschieden ist: Von der klassischen Sprache wandelt sie sich bis zu den kräftig-derben Redensarten des Volkes. Diese großen Stilunterschiede sind natürlich in der Übersetzung nur sehr wenig spürbar.

»Hsiao-hsü«, so lautet das chinesische Wort für Roman. Dieser Ausdruck will eigentlich »kleines Wörtlein«, Geplauder ohne Bedeutung, bezeichnen. Und wirklich wurde die epische Gattung von den Gebildeten stiefmütterlich behandelt. Doch die hohen Mandarine der späten T'ang-Dynastie haben sich dieser verachteten Kunst herzhaft hingegeben. Die hochgestellten Erzähler hüteten sich wohl, ihre »leichtfertigen« Werke zu veröffentlichen. Darum konnte uns nur wenig überliefert werden. Es geschah nicht selten, dass ein Gelehrter, der die Gunst einer einflussreichen Persönlichkeit zu gewinnen trachtete, ihr anlässlich seines ersten Besuches eine oder zwei Geschichten überbrachte. Diese waren nur in der Absicht geschrieben, Gefallen zu erregen. Dann wanderten die Manuskripte von Hand zu Hand unter großer Verschwiegenheit; sie waren leicht zu verbergen unter der weiten Tunika, die die Leute der hohen Gesellschaft trugen. Die angesprochene Persönlichkeit verfehlte es nicht, in dem geschenkten Prosastück schmeichelhafte Anspielungen an die eigene Adresse oder geistreiche Karikaturen ihrer Feinde zu entdecken. Diese »mondäne« Literatur war nicht von Dauer. Dennoch hat sie uns Kostbarkeiten hinterlassen, auf die die chinesische Literatur stolz ist. Eine solche Erzählung, für einen engen Kreis von Gebildeten bestimmt, verrät bereits künstlerische Beherrschung der Form. Das Thema ist gut gewählt und sorgfältig behandelt, der Stil klar und lebendig; ein ausgeprägter Sinn für psychologische Zergliederung und Zusammenschau wird deutlich. Wir erleben die Kindheit des chinesischen Romans.

Ehe diese Stufe erreicht war, hatte die Romanliteratur urferne Anfänge und eine langsame Entwicklung hinter sich. Zuerst tritt mythologisches Stückwerk, treten ganz kleine Fabeln auf. In beiden Formen ist nur von übernatürlichen Mächten die Rede. Später bilden sich die »Anekdoten der drei Worte« und die »zweizeiligen Geschichtlein« heraus. Der Atem, der in ihnen weht, wird immer menschlicher. Dann beginnen Fabeln und Anekdoten geschwisterlich nebeneinander zu leben in einer größeren Erzählung, die aber noch keine geschlossene Form besitzt. Das Märchen »Der magische Spiegel«, das unsere Sammlung beschließt, ist ein hervorragendes Beispiel dieser Übergangszeit.

Unter der Sung- und unter der Ming-Dynastie leuchtet die chinesische Erzählung bereits als reife Frucht. Der Stil ist weniger gekünstelt, weniger nach den Wünschen des l'art pour l'art geformt als in der T'ang-Periode. Denn anstelle des literarischen Spiels tritt der Ausdruck volkshaften Empfindens. Das Element des Übernatürlichen weicht zurück. Es fehlt ganz in den zahlreichen Geschichten des *Chin-ku-ch'i'-kuan*. Der Erzähler vertieft sich ausschließlich in die Leiden und Freuden des einfachen, des duldenden Menschen; denn schon schreitet der magische Spiegel durch die Straßen. Naive Wendungen des Vortrages, übereilte Urteilssprüche und vor allem eine steife Moral, die die Belohnung des Guten und die unfehlbare Bestrafung des Bösen kräftig unterstreicht, zeugen vom gesunden, robusten Menschenverstand des einfachen Mannes. Dieser Tendenz begegnen wir in »Der alte Gärtner« oder in »Der verlorene Schatz«.